Il libro dei nomi

Guida pratica per future mamme in gravidanza.

Di

Amelie Martino

Sommario

Introduzione..3

Cosa ci dice un nome?..7

Come ricordare un nome?..9

I nomi più popolari in Italia...12

    I nomi femminili più popolari..13

    I nomi maschili più popolari...32

I nomi più popolari all'estero...53

    I nomi femminili più popolari..54

    I nomi maschili più popolari...81

Etimologia nomi antichi 107

Conclusione..143

Introduzione

La maggior parte di noi non se ne accorge mai, eppure quella piccola parola che chiamiamo "nome" è molto più di un'accozzaglia di lettere usata per chiamare le persone. Nel corso delle nostre giornate veniamo chiamati e chiamiamo altre persone per mezzo del nome, eppure, quanto spesso ci fermiamo a chiederci "Che cosa vuol dire questo nome? Perché mi chiamo così?" oppure "Chi avrà mai inventato questo nome? Lo hanno inventato di sana pianta, oppure c'è un significato o una storia dietro ad esso?". Ecco, la verità è che praticamente tutti i nomi esistenti al mondo hanno un significato dietro di sé, alcuni buffo, altri più profondo, ma ognuno ha una piccola o grande storia.

Nel corso della nostra vita il nostro cognome viene spesso utilizzato, servendo principalmente come referenza per distinguere le persone che portano il nostro stesso nome, oppure durante le situazioni formali. Tuttavia, la maggior parte delle situazioni nella nostra esistenza sono informali, come la famiglia, gli amici, i rapporti tra colleghi di lunga data, eccetera. Durante le conversazioni, ed interazioni in generale, che abbiamo con queste persone, ecco che è il nostro nome, e non cognome, a venire utilizzato più di sovente. Proprio per questo motivo io ritengo che il nome di una persona sia una parte cruciale di essa, ed esorto a più non posso i genitori ad esplorare i meandri dell'etimologia dei nomi prima di lanciarsi nella scelta del nome più di moda del momento.

Pensate a tutte le volte che una persona deve presentarsi nella propria vita, nella maggior parte dei casi userà il proprio nome, e non il cognome. Questo vuol dire che il proprio nome è praticamente un biglietto da visita. Certo, fino a non molti anni fa era abitudine chiamare una persona per nome soltanto in ambito familiare, o al massimo tra amici, ma i tempi stanno cambiando e, oramai, l'utilizzo del nome si è allargato a molte più situazioni. Le maestre di scuola ormai utilizzano perlopiù chiamare i bambini per nome, e così fanno anche i negozianti di attività che frequentiamo spesso, ma anche i nostri colleghi di lavoro.

Passando dalla familiarità verso l'informalità, la pratica di ricorrere solo al nome di battesimo sta ormai diventando una caratteristica di sicurezza. Dato che in genere non si riesce ad essere identificati in maniera univoca dal nome, non è possibile trovare maggiori informazioni sul nostro conto se riveliamo esclusivamente il nostro nome di battesimo. Quando forniamo il nostro nome, non ci riteniamo esposti a possibili contatti indesiderati, ma appariamo simpatici e sinceri. Viceversa, mentre sembra che ci piaccia l'anonimato dei nomi di battesimo, numerosi genitori desiderano un nome unico per i loro figli, un nome che li differenzi. Forse a causa del loro uso crescente come unico nome di una persona, un numero sempre maggiore di genitori sceglie un nome per il proprio figlio che sia singolare o atipico, rendendo il proprio figlio più distinguibile solamente con il nome di battesimo. Anche se alla maggior parte dei bambini viene dato un nome comune, la varietà dei nomi comuni è andata aumentando. Tornando indietro a soltanto cento anni fa, tre bambini su quattro avevano un nome che rientrava tra i primi duecento nella classifica di popolarità. Ad oggi si può dire che soltanto la metà dei bambini ha un nome che può essere considerato popolare dal punto di vista statistico.

È davvero curioso inoltre il fatto che i nomi che vengono utilizzati seguono dei trend che variano nel tempo. Ci sono ad esempio dei nomi che erano quasi sconosciuti fino a dieci o venti anni fa, e che venivano utilizzati solamente da genitori che volevano dare al proprio figlio un nome particolare e risonante. Ad oggi, alcuni di quei nomi sono talmente popolari che quasi tutti conosciamo qualcuno che lo porta. È molto facile trovare un riscontro pratico di questo cambio di "mode" tra le varie generazioni, ricordando i nomi delle persone che conoscete e categorizzandole in varie fasce di età.

Il modo in cui vengono scelti i nomi viene influenzato da parecchi fattori, alcuni di essi di tipo sociale, ad esempio come i nostri parenti lontani preferivano chiamare i figli, ma anche dai mass media e la cultura in generale. Così come succede per generi di film, capi di abbigliamento, musica e molte altre cose, i nomi sembrano avere delle mode che vanno e vengono. Per una decina di anni un nome è in cima alle classifiche, e poi perde di popolarità e diventa un nome "raro".

È anche vero che certi genitori desiderano ardentemente trovare un nome che sia unico per i propri figli, anche a costo di storpiare nomi esistenti. Ad esempio, se il nome *Cristian* è di gradimento, ma un po' troppo popolare per gli standard del genitore, ecco che viene creata una variante ad-hoc che prende il nome di *Christian*, con la lettera "h" a dare un tocco di personalità. Certo, non bisogna dimenticare che in questo modo si sta costringendo il proprio figlio ad una vita in cui dovrà continuamente ripetere "No, scusi, si scrive con la 'h'". Tuttavia, questa personalizzazione dei nomi prende sempre più piede, e lo si può vedere specialmente con nomi che vengono molto utilizzati in Italia seppur avendo un'origine straniera, come ad esempio "Natasha" che diventa "Natascia", "Nicholas" che diventa "Nicolas", oppure "Brian" che diviene "Briam", ma anche con nomi puramente italiani, come "Nicolò" e "Niccolò", due varianti dello stesso nome. Non ci è dato sapere se queste scelte di personalizzazione siano scaturite da una genuina voglia di dare un nome originale ai propri figli, oppure siano frutto di errori all'anagrafe, ad ogni modo si tratta di un modo lecito per differenziarsi.

Un'altra usanza molto diffusa è quella di dare un secondo nome al proprio figlio. Sono diversi i motivi per la quale si potrebbe voler scegliere un secondo nome per un neonato, ad esempio un genitore potrebbe voler proteggere il proprio figlio dandogli il nome di un santo, oppure potrebbe voler celebrare un parente caro. Un tempo il secondo nome era addirittura una prerogativa delle classi più alte, che usavano il nome aggiuntivo come una sorta di "segno di riconoscimento". Questa usanza è poi stata presa anche dalle classi più povere, e col tempo si è persa la correlazione tra secondo nome e posizione sociale.

Cosa ci dice un nome?

In fondo, un nome non è per nulla un'informazione da prendere alla leggera. È vero, non si può dire di conoscere una persona solamente perché si sa il suo nome, ma probabilmente, sapete già più di quel che pensate su di essa. Un nome fornisce una vasta quantità di interessanti informazioni. Un nome è abbastanza – in molti casi – per aiutarci a capire il sesso di una persona, la sua classe sociale, il suo paese di origine, e molto altro ancora. Un'università degli Stati Uniti, più precisamente di Chicago, ha condotto uno studio nel 2004 nella quale ha dimostrato che alcuni nomi possono rendere il successo professionale più arduo, mentre altri sembrano rendere le cose più semplici. Questo è soltanto un assaggio di come un nome può essere importante per una persona. Lo studio consisteva nell'inviare dei curriculum ad alcune aziende, alcuni con nomi tipicamente usati nelle famiglie afro-americane, mentre altri usati più spesso da famiglie bianche. Il risultato è stato che i curriculum con i nomi tipicamente afro-americani avevano un tasso di risposta minore del 50 percento circa.

Senza dubbio, la causa di questa differenza può essere dei semplici luoghi comuni, ma alcune fonti suggeriscono che la motivazione possa essere un'altra, ovvero la fluenza di elaborazione. Infatti, è stato visto che il nostro cervello favorisce e reputa più attendibili le informazioni che sono più familiari e quindi più semplici da elaborare. Un esempio della fluenza di elaborazione e la fluenza fonologica, ovvero quanto è facile un nome da pronunciare. Ciò che gli studi ci vogliono suggerire è che i nomi più semplici da pronunciare tendono ad essere giudicati in modo più positivo rispetto ai nomi più difficili da pronunciare. Questo vuol dire che una persona italiana, sarà più prona a giudicare positivamente i nomi italiani, che sono in linea di massima più facili da pronunciare. Non è una questione di discriminazione, ma una semplice differenza nella pronuncia e nella familiarità del nome, è un processo inconscio. Allo stesso modo, una persona, ad esempio, francese, troverà i nomi dei propri connazionali più semplici e familiari.

Ovviamente, queste informazioni non sono assolutamente da prendere come delle regole assolute. Se siete, ad esempio, italiani all'estero, non abbiate paura di candidarvi per un lavoro o un'università solamente perché il vostro nome può risultare difficile da pronunciare. Queste sono solamente sfumature del funzionamento della nostra mente che non determinano la totalità della decisione finale, fortunatamente. La maggior parte delle persone va oltre alla familiarità del nome e prende in considerazione solamente quei dati che realmente hanno importanza. Tuttavia, è indubbiamente interessante capire come un semplice nome può cambiare le cose, e di come la nostra mente ci dà inconsciamente dei suggerimenti sulla base di esso.

Come ricordare un nome?

Tutti noi facciamo fatica a ricordare i nomi delle persone, specialmente quando le abbiamo appena conosciute. Quante volte vi è capitato di presentarvi con una persona, soltanto per dimenticare il suo nome pochi secondi dopo? La situazione peggiora quando si frequenta un posto nuovo, ad esempio un posto di lavoro, e si conoscono molte persone in una volta sola. Dopo il primo giro di presentazioni, nella nostra mente non c'è altro che un gran caos, e ci ricordiamo forse un paio delle decine di nomi che ci sono stati detti. Inutile dire, sarà necessario chiederlo nuovamente ad ognuno dei colleghi.

Il fatto che rende ricordare i nomi così difficile, è che si tratta di informazioni assolutamente arbitrarie. Un nome è un'informazione arbitraria per il semplice fatto che il nostro cervello non è in grado di collegarla ad altre cose. Un nome è un nome, punto. Il nome di una persona è semplicemente scollegato dal suo carattere, dal suo lavoro, eccetera. In alcuni casi poteva essere collegato al ceto sociale di una persona, ma questo è ormai un fenomeno del passato. Per noi è facile ricordare il lavoro di una persona, oppure il modo in cui si veste, ma ricordare un nome è come ricordare una data storica o un numero di telefono: bisogna ripeterlo molte volte prima di memorizzarlo.

Non soltanto ricordare i nomi è difficile, ma sembra proprio che, con il passare dell'età, diventi ancora più arduo memorizzarli. Tuttavia, non è proprio il caso di disperarsi, perché c'è una soluzione, un metodo, che può aiutarvi a ricordare meglio i nomi delle persone.

I passaggi da seguire sono semplici. In primo luogo, è necessario **prestare attenzione quando qualcuno si presenta a voi**. Questo è molto importante, quando qualcuno pronuncia il proprio nome, cercate di essere presenti e focalizzatevi sulla conversazione. È certamente più arduo ricordare un nome se, mentre ve lo dicono, state pensando alla serie TV che guarderete la sera. Insomma, prestate la stessa attenzione che prestate quando discutete la paga con il vostro superiore.

Il secondo passaggio è una tecnica assai potente: **ripetete il nome ad alta voce**. Ad esempio, se qualcuno vi si presenta con il nome di Tommaso, allora dite ad alta voce qualcosa come: "Piacere di conoscerti, Tommaso!". Potrebbe sembrare banale, ma il solo fatto di ripetere il nome rende incredibilmente più semplice ricordarlo.

In seguito, **create nella vostra mente un'associazione** tra il nome della persona ed il nome di qualcuno che è importante per voi, o che conoscete bene. Non sempre questo è possibile, ma nella maggior parte dei casi si può fare. Ad esempio, potresti creare un'associazione perché Tommaso è anche il nome di tuo fratello, di un collega, o di una persona famosa. Ora formate un'immagine mentale della persona con la quale l'avete associata, ed immaginate quella persona di fronte a voi. In questo modo, sarà incredibilmente più facile ricordare il nome, provare per credere! Certo, potrebbe sembrare strano immaginarsi un personaggio famoso di fronte a voi, ma ciò aiuterà assai a memorizzare il nome.

L'ultimo passaggio è quello di **ripetere nuovamente il nome**, a voce o anche mentalmente, cercando di ripassarlo ogni tanto. In questo modo non farete altro che inciderlo bene nella vostra mente in modo che venga immagazzinato a lungo termine. Se avete a che fare con molteplici nomi da ricordare, cercate di fare una sorta di scaletta da ripassare ogni tanto, ricordando il viso (o anche qualche altra caratteristica che vi ha colpito) ed associando il nome ad esso. Se seguite tutti questi passaggi, allora potete stare tranquilli che la vostra mente ricorderà i nomi per molto tempo.

È bene non sottovalutare il potere di ricordare un nome. Sebbene uno possa voler ricordare un nome solamente per evitare l'imbarazzo di dire "Scusa, non mi ricordo come ti chiami!", sappiate che sapere il nome di una persona appena conosciuta ed utilizzarlo è un potente strumento psicologico per creare una relazione duratura. Pensate ad una persona che vi ha appena conosciuto e che, anziché chiedere "Mi passi il sale?", vi chiede "Anna, mi passi il sale?". Sostituite Anna con il vostro nome e chiedetevi se l'effetto della seconda domanda non è più amichevole ed intimo della prima. Quando una persona si ricorda il nostro nome, ci sentiamo davvero contenti. Ricordare i nomi delle persone non è dunque solamente un modo per evitare momenti imbarazzanti (suvvia, non c'è nulla di cui vergognarsi nel dimenticare un nome), ma è piuttosto un modo per far sentire bene le altre persone e costruire relazioni forti e durature.

I nomi più popolari in Italia

Dunque, andiamo ora a vedere quelli che sono, stando ai dati rilasciati dall'ISTAT nel 2014, i nomi, sia maschili che femminili, più diffusi in Italia, ed il loro relativo significato.

I nomi femminili più popolari

SOFIA

Questo è il nome più popolare in Italia, perlomeno negli ultimi anni, deriva dal greco (Sophia) ed il suo significato è "sapienza e saggezza". Si tratta del nome che deteneva una dea del sapere nei miti dell'antica Grecia. Un nome senza alcun dubbio molto regale, dal momento che parecchie regine ed imperatrici lo hanno portato nel corso della storia. Non è un nome esclusivamente italiano, ma viene infatti largamente utilizzato anche nel resto del globo grazie alle sue varianti Sophie e Sophia.

- Sofia di Baviera, duchessa d'Austria
- Sofia Maria di Baviera, Regno delle Due Sicilie
- Sofia di Celle, moglie di Giorgio I

GIULIA

Se dobbiamo cercare l'origine del nome Giulia, dobbiamo in realtà focalizzarci sulla forma maschile, dal momento che altro non è che la versione femminile di Giulio, che deriva dal latino *Iulius*. Questo nome ha delle radici assai nobili, poiché proviene dall'antica e nobile famiglia romana Gens Iulia, alla quale apparteneva nientemeno che Giulio Cesare. Degli studi ci portano a pensare che questo nome possa derivare dalla parola greca *julè* (bosco), che quindi potrebbe stare ad indicare una persona che ama stare nei boschi e nella natura. Altre piste però indicano che potrebbe derivare dal termine greco *joulus*, che vuol dire "lanuginoso" ovvero "ricoperto di lanugine (peli)".

Senza alcun dubbio però si tratta di un nome largamente apprezzato dagli italiani, in quanto è stato il nome più utilizzato nel 2019, e da diversi anni occupa le prime posizioni delle classifiche dei nomi del nostro paese. Anche all'estero è molto popolare, nella sua variante Julie.

- Arena Giulia, conduttrice televisiva italiana
- Boschi Giulia, personaggio dello spettacolo teatrale
- Bevilacqua Giulia, personaggio dello spettacolo e regista italiana

AURORA

Questo nome femminile è molto popolare in Italia, ed il suo significato è da ricercare in un termine latino (appunto, *aurora*), che vuole dire "splendere, emanare luce". Un nome che ha delle radici nell'indoeuropa e vuole richiamare il dio solare Asel. In genere a questo nome viene attribuito il significato di forza d'animo e di energia, una persona che non si arrende di fronte alle prime difficoltà ma che anzi riesce ad essere ottimista e sorridere. Essere in cerca di emozioni forti è parte del suo carattere, ma ciò spesso porta ad atti impulsivi e poco ragionati. Nel nostro paese ci sono all'incirca 30.000 persone che portano questo nome, con il maggior tasso di presenze in Lombardia.

- Lussana Aurora, personaggio televisivo
- Mrianda Aurora, modella, cantante, personaggio dello spettacolo brasiliana
- Sanseverino Aurora, scrittrice e nobile italiana

GIORGIA

Il nome Giorgia deriva dalla parola greca "Gheorghios", che vuol dire "agricoltore". Un nome che è parecchio diffuso in Italia e che presenta molte varianti, anche se meno popolari, come Giorgetta, Georgina e Giorgianna. Il carattere che si porta dietro questo nome è quello di una persona che riconosce il valore delle regole e quindi ama rispettarle, molto socievole e simpatica quando si tratta di fare nuove conoscenze. Curiosamente, Giorgia è un nome che viene molto amato anche in Svizzera.

- Giorgia, cantante italiana.
- Baratella Giorgia, sportiva.
- Cardaci Giorgia, personaggio dello spettacolo italiana.

MARTINA

Il nome Martina deriva dal latino *Martinus* che vuol dire "consacrato al dio Marte". La forma maschile di questo nome era molto in voga nel medioevo dal momento che era legata al culto di San Martino, che era molto popolare ai tempi. Tuttavia, Marte, il dio alla quale è dedicato il nome, viene visto come il dio della natura e dei terreni fertili, sebbene in seguito nacquero le famose associazioni con la guerra. Martina è un diminutivo di Marta, anche questo nome molto famoso in Italia, e da molti anni è presente nei primi posti delle classifiche per popolarità. Le persone che portano questo nome vengono associate ad una personalità perlopiù pacifica e cordiale, che porta con sé molta sensibilità, ma senza distaccarsi troppo dal mondo reale. Una antica leggenda dice che San Martino si privò del proprio mantello per donarlo ad un viandante infreddolito, ed il suo premio per la buona azione fu un clima mite. Ad oggi, le giornate più miti che si hanno intorno all'11 novembre vengono chiamate "l'estate di San Martino".

- Colombari Martina, modella, personaggio dello spettacolo italiana.
- Gedeck Martina, personaggio dello spettacolo tedesca.
- Guiggi Martina, pallavolista italiana.

EMMA

Emma è un nome che proviene dalla parola dell'antico tedesco "Amme" che porta il significato di "gentile, nutrice, amichevole". Altre ipotesi però suggeriscono che l'origine del nome sia il diminutivo di altri nomi con radici tedesche come Ermenegilda o Ermengarda. Questi nomi hanno la particolarità di iniziare con *ermen*, che vorrebbe dire "completo, potente, universale". Si tratta di un nome che ha visto un rapido sbalzo di popolarità nell'Inghilterra dei primi anni mille, e che nei giorni odierni è molto amato in Italia, ma anche nei paesi esteri. Emma Bovary è stata la protagonista del romanzo di Flaubert "Madame Bovary", ed Emma di Normandia è stata regina d'Inghilterra per ben due volte nel XI secolo. Questo nome si abbina ad un carattere molto risoluto, che sa quello che vuole e che non si ferma facilmente davanti agli ostacoli ed al giudizio degli altri. Si tratta di una persona che ha dei forti valori e tiene molto agli amici ed ai famigliari.

- Emma di Waldeck e Pyrmont, moglie dell'imperatore dei Paesi Bassi.
- Abbott Emma, cantante lirica statunitense
- Emma Baron, personaggio dello spettacolo italiana.

GRETA

Sebbene non molti lo sappiano, Greta è il diminutivo di Margherita, ma ad oggi ha preso ormai il ruolo di nome a sé stante. Le varianti tedesche del nome Margherita (Gretel, Grete, Gretchen) riescono a far cogliere con più chiarezza il perché di questo diminutivo. L'origine del nome è da ricercarsi nella lingua greca, precisamente da *Margaritès*, che ha il significato di "perla". È un nome che non ha acquisito popolarità soltanto nel nostro paese, ma che anzi è molto apprezzato anche in Danimarca ed in Svezia. In genere questo nome si corrisponde ad una persona a modo, che rispetta le regole ed è seria, ma sa certamente come divertirsi e far sentire bene le persone che la circondano.

- Bonetti Greta, doppiatrice italiana.
- Garbo Greta, personaggio dello spettacolo svedese.
- Gerwig Greta, personaggio dello spettacolo, statunitense.

CHIARA

L'origine di questo nome, assai diffuso in Italia, è nella parola latina *Clarus*, che significa "chiaro, luminoso". La popolarità di questo nome è certamente dovuta in gran parte a Santa Chiara d'Assisi, che è patrona della televisione, delle lavandaie, delle stiratrici e delle ricamatrici. In Italia ci sono all'incirca centomila persone che portano il nome di Chiara, e la maggior parte di esse è nata in Lombardia. Questo nome accompagna un carattere decisamente solare e positivo, che sa cogliere il meglio da ogni situazione e tira su il morale di chi le sta intorno. La creatività e la bravura nell'avere nuove idee completano la sua personalità.

- Chiara d'Assisi, diocesana italiana
- Amirante Chiara, scrittrice
- Badano Chiara, beata
- Caselli Chiara, personaggio dello spettacolo, regista e fotografa

SARA

Il nome Sara deriva dal termine ebraico "Sarah", che vuol dire "principessa, signora". È un nome che fa parte della Bibbia, in quanto Sara era la moglie di Abramo nell'Antico Testamento, il cui nome venne cambiato da Saray (che voleva dire "irascibile"). Sara era una donna molto attraente, ma purtroppo fertile, e Dio le concesse il dono della fertilità. In Italia è un nome molto amato e popolare, con la maggior parte delle persone che portano questo nome che nascono in Lombardia. Tuttavia, anche all'estero questo nome riscuote una certa popolarità nella sua variante "Sarah". Chi porta questo nome ha generalmente un carattere sereno e tranquillo, è dotato di pazienza ed è in grado di portare avanti ottime relazioni interpersonali. Tuttavia, è meglio non farla arrabbiare, perché sa essere molto risoluta per portare avanti quello in cui crede.

- Allgood Sara, personaggio dello spettacolo irlandese
- Bareilles Sara, compositrice statunitense.
- Dylan Sara, moglie di Bob Dylan.
- Forestier Sara, personaggio dello spettacolo francese.

ALICE

Le radici di questo nome affondano nell'antica lingua germanica, in cui il termine "Athalhaid", che significa "nobile", prese poi la forma di "Alis" oppure anche "Aalis". Tuttavia, altre ricerche suggeriscono che questo nome possa avere origine dal termine greco *Alike*, che vuol dire "riguardante il mare" e quindi ha a che fare con il mondo sottomarino. Sicuramente in Italia è un nome assai apprezzato, e la sua popolarità è aumentata dopo l'uscita del libro "Alice nel Paese delle Meraviglie". Non solo in Italia, questo nome viene amato anche in paesi europei come Francia e Portogallo, ed extraeuropei come gli Stati Uniti. Ad ogni modo, il nome Alice rappresenta un carattere perlopiù polivalente, che vive tra momenti di grande estroversione e felicità, a momenti di riflessione e generale inattività. Ad ogni modo si contraddistingue per la sua vivacità e la sua tenacia nel raggiungere gli obbiettivi.

- Alice di Sassonia, principessa della Casa Reale.
- Alice Maria di Sassonia, principessa della Casa Reale.
- Guy Alice, regista e personaggio dello spettacolo francese
- Joyce Alice, personaggio dello spettacolo statunitense

GAIA

Questo nome ha due derivazioni differenti. La prima viene dal greco *Gea*, ovvero la madre degli dei del monte Olimpo, ma anche dea della natura e della fertilità. La seconda derivazione invece è da ricercare nel latino, dove *Gaius* voleva dire "d'umore vivace", ed effettivamente questo nome riporta ad una personalità assai attiva ed in cerca di esperienze nuove e forti. Ama conoscere persone nuove ma soprattutto ama realizzare i propri desideri mettendoci tutto l'animo e la tenacia di cui dispone. Una curiosità riguardo a questo nome è che non esiste in altre lingue oltre all'italiano, ed infatti non appare nelle classifiche estere dei nomi più popolari.

- Bolognesi Gaia, personaggio dello spettacolo e conduttrice radiofonica
- Gaia da Camino, poetessa
- Gaia de Beaumont, scrittrice
- De Laurentiis Gaia, personaggio dello spettacolo italiana

ANNA

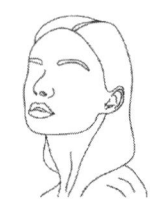

Il nome Anna deriva dall'ebraico *Hannáh*, che vuol dire "graziosa". Nell'antica Roma era usanza il culto di Anna Perenna, la dea della luna, e si festeggiava all'inizio della primavera con dei giochi. Il nome Anna compare anche nell'Antico Testamento della Bibbia, infatti è così che si chiamava la madre di Samuele. La popolarità di questo nome è sopraggiunta in età medievale, e ad oggi Anna si può considerare uno dei nomi più apprezzati in assoluto dagli italiani, ma non solo, in quanto anche all'estero è un nome assai amato nella sua variante "Annah". Ci sono molte varianti italiane di questo nome, come ad esempio Annamaria, Annalisa, Nina, Anita, Annetta, Annina, eccetera. Sant'Anna è oltretutto la patrona delle vedove, dei moribondi, dei minatori, delle gestanti, dei naviganti, e di molte altre figure. Sicuramente in associazione a questo nome figura un carattere molto deciso e perseverante, che sa lottare e non ha paura dei momenti difficili. Nonostante il carattere duro e tenace, c'è sicuramente un lato tenero e simpatico che viene molto apprezzato dalle persone.

- Anna figlia di Elisabetta II
- Anna di Bretagna, regina consorte di Francia.
- Anna I di Russia.
- Andreevna Anna, scrittrice russa.
- Bolena Anna, regina consorte dell'impero britannico.
- Comnena Anna, principessa bizantina.

FRANCESCA

Si tratta di un nome che deriva dal latino, precisamente da *Franciscum*, che significa "appartenente al popolo dei franchi". È un nome che deve la sua popolarità al suo largo utilizzo in passato, ad esempio nella Divina Commedia con gli amanti Paolo e Francesca, oppure per la Santa Francesca Romana, che è patrona delle vedove e degli automobilisti. Il nome Francesca viene anche utilizzato sotto forma di diminutivi quali Chicca, Cesca, Checca, Cecca. Ci sono quasi 500.000 persone in Italia che portano il nome di Francesca, con la maggior parte di esse concentrata in Sicilia. Si tratta di un carattere che sa aiutare le persone e non si tira indietro se c'è da fare qualcosa per la comunità. È una persona curiosa che non si accontenta di conoscere in misura mediocre, ma vuole approfondire tutto ciò che può sapere.

- Maria Francesca, figlia di Vittorio Emanuele III di Savoia
- Maria Francesca di Savoia, regina del Portogallo
- Comencini Francesca, regista e attrice italiana

GINEVRA

Il nome Ginevra deriva da una divinità celtica, il cui nome deriva da *Gwenhwyar*, il cui significato è "che risplende tra gli elfi". Questo nome ha visto la sua diffusione nel Medioevo, specialmente grazie al suo utilizzo nelle opere letterarie. La forma straniera di questo nome (Jennifer) non ha molta popolarità, a differenza della forma italiana, che dall'inizio di questo secolo sta riscuotendo sempre più successo. Sono presenti all'incirca sei mila persone in Italia che portano questo nome, e la maggior parte di esse è nata nel Lazio. Ginevra rappresenta un carattere abbastanza misterioso, ma senza ombra di dubbio forte e deciso. Ha una mente intelligente ed acuta, e sa capire perfettamente quello che provano le persone che la circondano. Una curiosità su questo nome: storicamente, è appartenuto principalmente a donne nobili.

- Bompiani Ginevra, scrittrice, editrice, professoressa.
- Cantofoli Ginevra, pittrice contemporanea.
- De' Benci Ginevra, donna soggetto di un dipinto di Leonardo.
- Ginevra d'Este, moglie di Sigismondo Malatesta signora di Firenze.

NOEMI

È un nome che ha radici ebraiche, ed è conosciuto anche nella sua variante "Naomi". La parola dalla quale deriva è "Noam" oppure "Na'Omiy", che porta il significato di "gioia". Nell'Antico Testamento, Naomi perde il proprio marito ed i figli, e prende poi il nome di Mara, che vuol dire "infelicità". Si tratta di un nome molto popolare, e che è famoso nel resto del mondo più che altro nella sua variante Naomi. Questo nome raffigura una personalità molto gentile e simpatica, che sa approcciarsi agli altri. È molto coraggiosa e non si da per vinta molto facilmente, ma soprattutto sa affrontare la vita con il sorriso.

- Batki Noemi, sportiva naturalizzata italiana.
- Gifuni Noemi, doppiatrice e personaggio dello spettacolo italiana.
- Noemi Signorile, pallavolista italiana.

ALESSIA

Alessia è un nome che ha una duplice origine: bizantina e greca. Il termine dalla quale deriva è *Alékso*, che proviene dal verbo *Aléxein* – ovvero "proteggere" – e vuol dire "colei che protegge". Si può anche considerare un diminutivo di Alessandra. Questo nome ha avuto un picco di popolarità alla fine degli anni novanta e, sebbene sia in discesa rispetto a quei tempi, si mantiene tra i nomi più amati dagli italiani. Non solo in Italia, questo nome viene largamente apprezzato anche in Russia. Alessia è un nome che porta con sé un carattere pieno di vitalità, che preferisce il fare al dire e non se ne sta con le mani in mano se vuole che qualcosa cambi. Sicuramente definisce una persona sicura, ma che ha anche un lato tenero che cerca la compagnia delle altre persone.

- Amendola Alessia, personaggio dello spettacolo, conduttrice radiofonica
- Filippi Alessia, sportiva italiana.
- Marcuzzi Alessia, personaggio dello spettacolo e showgirl italiana.

VITTORIA

Questo nome è di origini latine, e capirne il suo significato non è certo difficile. Si può dire che Vittoria era un nome davvero noto all'interno della mitologia dell'antica Roma, dal momento che era il nome che portava la dea della vittoria nelle battaglie. Questo nome è ricco di significato ed è stato portato da personaggi assai importanti nel corso della storia, come ad esempio la regina Vittoria del Regno Unito, oppure la regina di spagna Vittoria Eugenia di Battenberg. Questo nome vuole rappresentare una persona dall'animo gioviale e cortese, che è molto amante dello sport e si tiene sempre attiva. Ha molta cura delle proprie relazioni interpersonali, ed è amata da amici e parenti.

- Vittoria regina del Regno Unito e imperatrice d'India.
- Aganoor Vittoria, scrittrice e poetessa italiana.
- Colonna Vittoria intellettuale italiana.
- Della Rovere Vittoria, duchessa di Toscana.

VIOLA

Viola è un nome augurale che ha delle radici latine ed è anche il nome di un fiore che sta a rappresentare il pudore. Non soltanto, rappresenta anche il nome di un colore, ma anche uno strumento musicale, che è appunto la viola. Violetta è una variante di questo nome che è abbastanza diffusa in Italia, ma Viola resta senza dubbio la forma preferita dagli italiani. All'estero questo nome è conosciuto come "Violet". Ci sono quasi nove mila persone in Italia che portano il nome di Viola, e la maggior parte di esse si trova in Campania. Si tratta di un nome che accompagna un carattere fine e sensibile, che ama aiutare il prossimo ed essere disponibile. Attenzione però a non trattarla male, perché rispetta sé stessa e non tollera le persone negative nella propria vita.

- Di Grado Viola, scrittrice.
- Graziosi Viola, personaggio dello spettacolo italiana.
- Myers Viola, sportiva americana.

BEATRICE

Questo è un altro nome dalle origini latine, precisamente dal termine *Beatrix*, che vuol dire "colei che porta la felicità", dal momento che *Beatus* vuol dire "felice". Questo nome è molto famoso anche grazie alla Beatrice che si trova nella Divina Commedia di Dante, che permetterà al poeta di poter entrare nel paradiso. Non soltanto famoso in Italia, viene molto apprezzato anche in Romania e nel Regno Unito. Spesso e volentieri si usa il diminutivo Bice. Beatrice descrive un carattere molto appariscente e che cerca di piacere alle persone, e che sa distinguere bene coloro che meritano la sua compagnia. Quando si trova bene con qualcuno, non esita a dare il meglio di sé stessa.

- Beatrice d'Aragona, regina d'Ungheria
- Beatrice d'Aviz, duchessa consorte di Beja
- Beatrice d'Este, moglie di Ludovico Sforza, duchessa di Bari e di Milano
- Beatrice di Borgogna, imperatrice del Sacro Romano Impero
- Beatrice di Castiglia, regina di Portogallo

I nomi maschili più popolari

FRANCESCO

Francesco è il nome maschile più popolare in Italia, ed addirittura se ne contano quasi un milione, distribuiti tra nord, sud e centro Italia in maniera abbastanza equa. Come per Francesca, l'origine di questo nome è latina (*Franciscum*) e denota un'appartenenza al popolo dei franchi o alla Francia in generale. Parlando del nome Francesco non può non venire in mente San Francesco d'Assisi, un santo famosissimo che è patrono d'Italia e di Assisi, oltre che dei mercanti, dei fioricultori e dell'ecologia. In pochi sanno che il vero nome di Francesco d'Assisi era Giovanni, e che il padre, in ritorno da un viaggio per la Francia, decise di chiamarlo Francesco. Vari sono i diminutivi attribuiti a questo nome: Checco, Cecco, Cesco, Chicco. È un nome assai popolare in Italia, ma anche all'estero viene molto utilizzato. Francesco denota una personalità aperta, che ascolta ed aiuta il prossimo quando può. È ambizioso, e non si ferma di fronte agli ostacoli. Una persona studiosa e lavoratrice che vuole vedere i propri sogni realizzati.

- Francesco d'Assisi, santo italiano
- Papa Francesco (Jorge Mario Bergoglio),
- Francesco Giuseppe I d'Austria, Imperatore d'Austria
- Francesco II d'Asburgo-Lorena,
- De Gregori Francesco, cantante italiano

ALESSANDRO

Alessandro è un nome che deriva dal termine greco *Alèxandros*, che è composto da un verbo (*Alèxein*, ovvero "proteggere") ed un nome (*Andròs*, ovvero "uomo"). Quindi questo nome può avere il significato di "protettore della gente". Un nome assai famoso grazie a molti famosi portatori, quali Alessandro Magno, grande condottiero, Alessandro Volta, l'inventore della pila, ed Alessandro Manzoni, famoso per la sua carriera letteraria, soltanto per citarne alcuni. Da ormai parecchi anni il nome Alessandro cavalca le classifiche dei nomi più popolari nel nostro paese, con circa 290.000 persone che hanno questo nome, la maggior parte in Lombardia e nel Lazio. Alessandro è un nome che rappresenta un carattere molto attivo e pratico. È affamato di vittorie e dimostra grande coraggio quando si tratta di esprimere la propria opinione o difendere qualcosa in cui crede.

- Alessandro VI, papa
- Magno Alessandro, re di Macedonia
- Severo Alessandro, imperatore romano
- Baricco Alessandro, scrittore, critico musicale e doppiatore italiano.
- Farnese Alessandro, duca di Piacenza e Parma

LORENZO

Un nome che ha radici latine e che ha il significato di "abitante di Laurento", una città – ad oggi non più esistente – che era situata nella regione Lazio. Nell'Eneide, Virgilio disse che in questa cittadina cresceva una grande quantità di alloro, che si chiamava Laurus, una pianta che aveva molta importanza nella cultura romana. Il 10 agosto si festeggia l'onomastico di San Lorenzo, che fu bruciato su una graticola posta su delle braci ardenti. San Lorenzo è inoltre il patrono dei cuochi, dei pasticceri, dei lavoratori del vetro, dei librai, dei bibliotecari, e dei pompieri. In Italia sono presenti ben 150.000 persone che hanno questo nome, e la maggior parte di esse sono nate in Lombardia. Questo nome definisce una persona molto attiva ed alla ricerca di avventura, che è molto capace di fare amicizia con le persone che incontra.

- Bartolini Lorenzo, scultore e artista italiano
- Cherubini Lorenzo, nome di Jovanotti
- Lorenzo de' Medici (il Magnifico), mecenate e politico italiano
- Fragola Lorenzo, cantautore italiano
- Lippi Lorenzo, poeta e scrittore contemporaneo italiano

ANDREA

Andrea è un nome prevalentemente maschile, ma talvolta può essere utilizzato anche per le femmine. La sua origine deriva dalla parola greca *andreìa*, che significa "forza", oppure "coraggio". Alternativamente, la sua origine può arrivare da *andròs*, che vuol dire "uomo, persona maschile, virile". Il nome, inizialmente usato soltanto dai greci, si diffuse in fretta anche in Egitto ed in Palestina. È un nome molto diffuso in Italia (più di 300.000 persone si chiamano così) ma anche nel resto del mondo. In Italia era un tempo vietato dare questo nome alle femmine, anche se oggi non è più così. Chi si chiama Andrea è dotato di una personalità molto vivace e ama molto parlare con le persone, anche se non lascia intravedere a chiunque la propria parte più profonda. Ha una grande fantasia e creatività, che usa per intrattenere se stesso e le persone intorno a sé.

- Camilleri Andrea, personaggio dello spettacolo italiano
- Del Verrocchio Andrea, scultore italiano
- Doria Andrea, nobile e politico italiano
- Mantegna Andrea, scultore e pittore italiano
- Palladio Andrea, scenografo e architetto italiano

LEONARDO

Si tratta di un nome che ha delle radici longobarde, il cui significato è di "forte come un leone". Infatti, questo nome è il frutto dell'unione di due parole, la prima è "leone", mentre la seconda è "hard", che in certi contesti vuol dire "forte, duro". Ci sono anche dei diminutivi di questo nome, come ad esempio Leo, Nardo e Nardino. Naturalmente Leonardo da Vinci contribuisce corposamente alla popolarità di questo nome, che è molto in voga in Italia, ma anche all'estero nella sua variante Leonard. Anche San Leonardo (che viene festeggiato il giorno 6 novembre) è popolare, patrono dei carcerati, dei fabbri, dei fruttivendoli, degli agricoltori, nonché della città di Campobasso. In Italia le persone che portano questo nome raggiungono i 100.000, con la maggioranza di esse che nascono in Puglia. Sicuramente questo nome predilige un animo curioso e molto attivo, affamato di avventura e che non esita a rompere le regole quando non le ama. Fare amicizia non è un problema per lui, ma si apre davvero solamente con una cerchia ristretta di persone.

- Bruni Leonardo, umanista e filosofo italiano
- Dudreville Leonardo, scultore e pittore italiano
- Fibonacci Leonardo, matematico inventore della sequenza di Fibonacci.
- Fea Leonardo, esploratore e zoologo italiano

MATTIA

Questo nome deriva dalla lingua ebraica, in particolare dal termine *Mattaj*, che porta il significato di "dono del Signore". Pochi sanno che Mattia è in realtà una variante del nome Matteo, in quanto entrambi questi nomi si basano sull'unione di due parole: *mathat* (che vuol dire "dono") e *yah* (che vuol dire "Signore"). Mattia è anche il nome dell'apostolo che dovette sostituire Giuda dopo il suo tradimento, il che conferisce una sorta di aura di fiducia intorno a questo nome. È un nome molto diffuso in Italia, e Mattia è senza ombra di dubbio un carattere affidabile, molto diretto con le persone con cui ha a che fare, che non ama scendere a compromessi e pretende che tutti diano il massimo. Ciò non toglie che ha un animo buono e agisce a fin di bene, riconosce il valore dell'amicizia e della famiglia.

- Mattia d'Asburgo, re di Boemia e di Ungheria e Sacro Romano Imperatore
- Battistini Mattia, musicista italiano
- Bortoloni Mattia, scultore e pittore italiano
- Carneri Mattia, architetto italiano
- Corvino Mattia, "il giusto", duca d'Austria e re d'Ungheria

MATTEO

Proprio come per il nome Mattia, Matteo è composto da due parole ebraiche: *mathat*, che significa "dono", e *yah*, che vuol dire "Dio, Signore". Insomma, il significato di questo nome è facilmente traducibile in "Dono del Signore". Si tratta di una variante del nome Mattia, in quanto il significato di questi due nomi è assolutamente identico. Nonostante sia molto popolare nel nostro paese, sembra che all'estero non abbia riscosso il medesimo successo. San Matteo Levi evangelista è il patrono dei bancari, dei doganieri, dei ragionieri, delle guardie di finanza, degli esattori ed infine della città di Salerno. Matteo accompagna una personalità molto scrupolosa ed attenta ai dettagli, che ama portare a termine un lavoro fatto come si deve. Non è il tipo di persona che perdona facilmente, in quanto mette le proprie relazioni al primo posto nella vita.

- Boiardo Matteo, poeta e filosofo italiano
- Garrone Matteo, produttore cinematografico e sceneggiatore italiano
- Liberatore Matteo, scrittore, poeta e filosofo teologo.
- Ricci Matteo, scienziato, sinologo e cartografo italiano
- Matteo I Visconti, Signore di Milano

GABRIELE

Trattasi di un nome che proviene dall'antica lingua aramaica, Gabriele porta con sé il significato di "uomo di Dio". Tuttavia, altre fonti ritengono che questo nome derivi dall'ebraico, precisamente da "Gavriel", composto da *gabar* (che vuol dire "uomo forte") ed *El* (ovvero "Dio"), per essere tradotto in "uomo di Dio". Tutti conosciamo l'arcangelo Gabriele, forse quello più famoso per aver annunciato a Maria di essere in attesa di Gesù. Non solo, è anche l'angelo che protegge Israele, ed è presente anche nel Corano, e viene celebrato anche dagli ebrei. Ci sono circa 100.000 persone in Italia che si chiamano così, con l'affluenza massima in Lombardia. Si tratta di un carattere molto gentile ed attento alle esigenze degli altri, ma che non dimentica sé stesso e cerca sempre di apparire nel migliore dei modi. Può essere esigente nelle relazioni con le altre persone, ma è anche vero che dà sempre indietro ciò che chiede.

- Dell'Addolorata Gabriele, santo e scrittore italiano
- Gabriele I, signore di Ducey, che uccise per errore Enrico II di Francia durante un torneo.
- Lavia Gabriele, regista, attore e doppiatore cinematografico italiano

RICCARDO

Questo nome deriva dal tedesco "Richart", che ha il significato di "ricco, potente". Andando a scavare più nel passato, è certamente possibile ipotizzare che questo nome richiami i due termini di origine germanica *rikja* e *hart*, che vogliono dire "dominatore di valore". Con più di centomila persone che si chiamano in questo modo nel nostro paese, si tratta di un nome molto apprezzato. Riccardo è un animo ribelle, molto determinato e che altalena tra momenti di chiusura e momenti di tenerezza. Una personalità interessante che non tutti sono in grado di capire e di domare.

- Riccardo I d'Inghilterra, "Cuor di Leone", re d'Inghilterra.
- Bacchelli Riccardo, poeta e filosofo italiano.
- Cassin Riccardo, alpinista italiano.
- Cucciolla Riccardo, attore, doppiatore e direttore artistico.
- Fedel Riccardo, partigiano italiano.

TOMMASO

Tommaso è un nome di origine aramaica, che proviene dal termine *Taòma*, che poi in latino diventerà "Thomas" o anche "Thomasus", che vuol dire "gemello". È un nome che ha sicuramente una forte tradizione biblica, ed in molti conoscono questo nome grazie all'apostolo Tommaso, celebre per aver dubitato della resurrezione di Gesù. San Tommaso d'Aquino è tra le altre cose il patrono dei filosofi, degli studenti, dei librai e dei teologi. Tommaso è una mente molto acuta, con grande spirito di osservazione e che coglie i dettagli che gli servono per poter arrivare a ciò che vuole. Sotto una personalità metodica e scrupolosa però, si nasconde un animo tenero ed in cerca di affezione, che sa dare molto nelle proprie relazioni interpersonali.

- Tommaso d'Aquino, filosofo, scrittore, teologo e religioso italiano.
- Tommaso I di Savoia, Conte d'Aosta e Moriana
- Tommaso di ser Giovanni di Mone Cassai, vero nome del Masaccio.
- Tommaso Aniello, Masaniello, rivoluzionario napoletano

DAVIDE

Un nome che vede la sua origine dall'ebraico "Dawidh", che vuol dire "amato". Davide è molto famoso nella Bibbia per essere il ragazzo che ha sconfitto il gigante Golia con una fionda, e che poi divenne il secondo re di Israele. Si tratta di un nome molto famoso in Italia, ma anche all'estero riscuote un notevole successo nella sua variante "David". Si stima che in Italia siano presenti circa 80.000 persone che hanno questo nome, con la maggior parte di esse che nascono in Lombardia ed in Piemonte. Si tratta di una persona che ha molto fascino, e riesce a stupire le persone attorno a sé. Dotato di grande forza mentale, supera ogni ostacolo e non si tira mai indietro quando è il momento di esprimere la propria opinione.

- Davide I di Scozia, re e santo scozzese
- Perino Davide, attore cinematografico italiano
- Rebellin Davide, ciclista italiano

GIUSEPPE

Giuseppe è un nome di origine ebraica che nasce dalla parola "Josef" che porta il significato di "cresciuto da Dio". Si tratta di uno dei nomi maschili più amati dagli italiani, ed è molto conosciuto per via di San Giuseppe, il marito di Maria madre di Gesù. In greco fu tramutato in *Ioseph*, per poi diventare *Iosepos*, in latino fu invece tradotto come *Ioseph*. Sebbene non sia tra i primi posti delle classifiche per popolarità, ci sono ben 1.700.000 persone che si chiamano Giuseppe in Italia, il che lo rende uno dei nomi più diffusi, specialmente tra la popolazione adulta. Si tratta di un nome molto famoso anche per i personaggi storici che lo hanno portato, come Giuseppe Mazzini, Giuseppe Garibaldi e Giuseppe Verdi, solamente per citarne alcuni. Giuseppe è un nome che accompagna un animo molto rispettoso nei confronti delle persone che lo circondano, e che ama mettere all'opera il proprio ingegno per favorire il benessere della società. Da fuori ha un carattere che può apparire freddo e metodico, ma sotto si nasconde un animo buono e disposto ad aiutare.

- Giuseppe I d'Asburgo, imperatore del Sacro Romano Impero
- Giuseppe II d'Asburgo, imperatore del Sacro Romano Impero
  - Arcimboldo Giuseppe, pittore e artista italiano.
  - Gioachino Belli Giuseppe, poeta e scultore italiano.

ANTONIO

È un nome che deriva dalla gens latina "Antonius", che deriva molto probabilmente dalla lingua etrusca, il che lo rende un nome molto particolare. Il suo significato non è chiaro, ma può darsi che significhi "inestimabile" oppure "combattente, guerriero". Un'altra ipotesi è che il nome Antonio sia nato dalla parola greca *anthos*, che vuol dire "fiore". Sant'Antonio è parecchio famoso in Italia e questo ha certamente contribuito alla diffusione di questo nome, che conta più di 1.200.000 persone che lo portano. Non solo in Italia, Antonio è un nome amato anche in paesi esteri, come la Croazia, la Spagna, la Romania ed il Portogallo. Antonio è una personalità perlopiù riservata e tranquilla, che ama osservare ed ascoltare le persone e l'ambiente attorno a sé. Tuttavia, una volta che si trova a suo agio, incanta le persone con la sua intelligenza e simpatia.

- Pisanello Antonio, pittore e scultore italiano
- Canova Antonio, pittore e scultore italiano
- Gramsci Antonio, politico, scrittore, linguista e critico italiano
- Ingroia Antonio, politico, avvocato e giornalista italiano
- Meucci Antonio, inventore italiano
- Pigafetta Antonio, navigatore e politico italiano
- Salieri Antonio, compositore e musicista italiano

FEDERICO

Federico è un nome che deriva dal termine germanico "Frithurik" (in seguito latinizzato in *Fredericus*), che si compone della parola *frithu*, che vuol dire "pace" e della parola *rikya*, che invece significa "potente, forte". In questo modo possiamo tradurre il significato di Federico in "potente nel portare la pace", o "capace di appacificare". Nel Medioevo iniziò la diffusione di questo nome in Europa, che fu preso da molti imperatori e re, di cui molto famoso Federico "il barbarossa", imperatore del Sacro Romano Impero. Famoso fu anche il regista Federico Fellini. Sebbene in Italia sia popolare, questo nome non compare nelle classifiche estere, l'unico utilizzo viene infatti registrato in Spagna. Ci sono circa 60.000 persone in Italia che si chiamano Federico, con la maggior parte di esse che si trova in Lombardia. Federico ha una personalità del tutto tranquilla, ma nella giusta situazione può anche rivelare un lato più attivo e frenetico. Non è una di quelle persone che ama avere troppe attenzioni, motivo per cui preferisce scegliere con cura le persone che lo circondano.

- Federico I di Prussia, re di Prussia.
- Federico II di Prussia, re di Prussia.
- Federico III di Sicilia, Re di Trinacria.
- Federico II di Svevia, imperatore del Sacro Romano Impero.
- Federico I di Svezia, re di Svezia.
- Barbarossa Federico, imperatore del Sacro Romano Impero.

EDOARDO

Questo nome deriva da due parole di origine anglosassone, ovvero *Ead* e *Weard*, che insieme formano il significato di "difensore delle proprie ricchezze". Questo nome era molto diffuso in Inghilterra dal 1700, e fu utilizzato dalle stirpi che detenevano il trono. Questo nome ha riscosso parecchio successo in Italia, mentre nei paesi esteri è presente solamente sotto forma di varianti, come Edward, Eduardo, Eduard, ed Eddie. Ci sono circa 36.000 persone in Italia che portano questo nome, ed il 30% di esse è nata in Lombardia. Il nome Edoardo definisce un carattere molto preciso e metodico, che è molto orgoglioso del proprio modo di portare a termine i propri affari. Non ha problemi a sopportare il peso della responsabilità, e gli piace rendersi utile per i propri amici e famigliari. Sotto la corazza però si nasconde una persona che cerca affetto, e non manca di dimostrarlo alle poche persone di cui si fida.

- Edoardo I d'Inghilterra, signore d'Irlanda e re d'Inghilterra.
- Amaldi Edoardo, scienziato e fisico italiano.
- Bennato Edoardo, cantautore italiano.

MARCO

Marco è un nome che si forma della radice "mar", che è molto popolare nei popoli italici, e proviene dal termine *mas*, che porta con sé il significato di "virile, maschio", ma si origina anche da Mars, il dio Marte dei Romani. In questo senso, il nome Marco può avere il significato di "sacro a Marte", oppure di "uomo forte, virile". Se vogliamo entrare nel dettaglio però, l'antico nome romano *Marcus*, era riferito al dio, e voleva dire "dedicato a Marte", il dio della guerra. È un nome molto apprezzato nella cultura cristiana, dal momento che è legato a san Marco Evangelista, che è nato da una nobile famiglia ebrea e che viaggiò insieme a San Pietro nelle sue missioni. Ci sono molti personaggi famosi che hanno questo nome, come Marco Aurelio, Marco Polo, Marco Tullio Cicerone, e molti altri. Marco è un nome che si rifà ad un carattere molto solitario, ma ciò non toglie che sia in grado di socializzare con le persone con cui si sente in sintonia. Ha una mente molto acuta ed è un bravo osservatore, se lo si lascia fare, è capace di grande ingegno.

- Marco Antonio, politico e generale romano.
- Marco Attilio Regolo, politico romano.
- Marco Aurelio, filosofo, scrittore e imperatore romano.
- Marco Tullio Cicerone, politico, scrittore e filosofo romano.
- Marco Polo, avventuriero, scrittore e filosofo.

SAMUELE

Samuele è un nome dalle origini ebraiche, precisamente deriva dal termine *Shemu'el*, che significa "il Signore ascolta", ma anche "il nome del Signore". Famoso nella tradizione biblica, Samuele è un giudice d'Israele, che è una guida spirituale. In onore di san Samuele martire, l'onomastico di questo nome viene festeggiato il 16 febbraio. Ci sono circa 7.000 persone in Italia che portano questo nome, con la maggioranza di esse che sono nate in Lombardia. Tuttavia, anche all'estero è popolare questo nome nella sua variante Samuel, specialmente negli Stati Uniti, in Spagna, e nel Regno Unito. Samuele gode di una personalità forte e decisa, molto testardo e che vuole arrivare a raggiungere i propri obbiettivi. Se qualcosa non gli piace, non si fa problemi ad ingegnarsi per apportare un cambiamento, e trova sempre il modo di far funzionare le cose. Non si apre a molte persone, ma quando lo fa, fa uscire il lato migliore di sé.

- Samuele I, santo e politico georgiano.
- Da Tradate Samuele, artista italiano.
- Samuele Aba d'Ungheria, re d'Ungheria.
- Avallone Samuele, sportivo italiano.
- Biava Samuele, poeta e scrittore italiano.

DIEGO

Questo è un nome di origine prettamente spagnola, che deriva dal termine latino *Didacus*, che a sua volta deriva dal greco *Didachòs*, e prende forma dal verbo *didàskein*, che vuol dire "istruire, insegnare". Ciò che questo nome significa è quindi "colto, istruito". Questo nome è famoso in Italia da molti anni ormai, ma in Spagna riscuote ancor più successo. Non solo, anche in Svizzera, in Cile, in Portogallo ed in Messico questo nome viene assai apprezzato. Diego è caratterizzato da una personalità molto simpatica e vivace, che riesce sempre a far sorridere. È una persona che si attiva molto per il bene della società, e spesso non vuole nulla in cambio. Tiene molto a famiglia ed amici.

- Colombo Diego, esploratore e navigatore portoghese.
- De Silva Diego, sceneggiatore, scrittore e filosofo italiano.
- Fabbri Diego, drammaturgo e scrittore italiano.

GIOVANNI

L'origine di questo nome è ebraica, ed il suo significato è "dono del Signore". Il termine da cui si origina è *Yehohanan*, che è composto da *Yah*, che è un'abbreviazione di *Yahweh* (che vuol dire "Dio") e da *Hanan*, che significa "ebbe misericordia", dando quindi a questo nome il significato di "Dio ebbe misericordia". Anticamente questo nome veniva dato ad un bambino che era stato atteso per lungo tempo, e per la quale ormai si erano quasi perse le speranze. San Giovanni è patrono di molte città, tra le quali Genova, Torino, Firenze, Imperia, Busto Arsizio, ed inoltre dei musicisti, degli albergatori, dei maniscalchi, dei coltellinai, degli spazzacamini e dei sarti. Ha visto una grande diffusione in Italia, con più di un milione di persone che si chiamano così, la maggior parte di esse nata in Lombardia. Giovanni è una persona silenziosa e pensosa, che però dimostra anche grande simpatia e tenacia nell'affrontare imprese difficoltose. Tuttavia, la sua irascibilità lo contraddistingue, per cui è meglio trattarlo con calma quando si sveglia con il piede sbagliato.

- Giovanni d'Inghilterra, "Senzaterra", signore d'Irlanda e re d'Inghilterra
- Giovanni dalle Bande Nere, condottiero e cadetto della famiglia de' medici
- Giovanni di Bicci de' Medici, capostipite della famiglia dei Medici
- Boccaccio Giovanni, artista italiano
- Bellini Giovanni, artista italiano

- Caboto Giovanni, esploratore e navigatore italiano
- Da Verrazzano Giovanni, navigatore italiano
- Della Casa Giovanni, scrittore e arcivescovo italiano
- Falcone Giovanni, magistrato italiano

LUCA

Luca è un nome che deriva dal greco, precisamente dal termine *Lykanòs*, che potrebbe voler dire "originario della Lucania", ma secondo altre versioni anche "nato alle prime luci dell'alba", partendo dal termine *Lyke*, che significa "luce" (questo nome veniva infatti spesso attribuito a bambini nati all'alba). Curiosamente questo nome, molto popolare in Italia per i maschi, viene utilizzato in Croazia ed in Ungheria al femminile. Ci sono quasi 150.000 persone in Italia che portano questo nome, soprattutto in Lombardia ed in Toscana. Luca ha un carattere molto serio e composto, ma è capace di attrarre le persone a sé con la sua profonda personalità. Si tratta di una persona rispettosa che sa come socializzare in armonia, ma è capace anche di passare del tempo con sé stessa.

- Cambiaso Luca, artista italiano
- Della Robbia Luca, orafo e scultore italiano
- Giordano Luca, artista italiano
- Signorelli Luca, artista italiano
- Ward Luca, doppiatore e attore italiano

I nomi più popolari all'estero

Ora che abbiamo visto i nomi più popolari in Italia, allontaniamoci dalla nostra terra, ed esploriamo quelli che vengono più amati dalle diverse culture intorno al globo, guardando la classifica mondiale dei nomi che in assoluto vengono più utilizzati.

I nomi femminili più popolari

MARIA

Maria è un nome di origine latina tradizionalmente popolare e femminile. Il nome può venire tradotto con il significato di "del mare", "amaro", "amato" o "ribelle". Secondo alcune tradizioni, è anche ritenuto una variante del nome Mary, ed in effetti è così che viene tradotto nei paesi anglosassoni. Maria è inoltre una variazione femminile del nome romano Marius. Maria viene impiegato come secondo nome al maschile in paesi quali l'Italia, la Germania e la Polonia. Il nome Maria è piuttosto diffuso nei paesi di lingua spagnola, così come qui in Italia. Non molti italiani si aspetterebbero una fama così grande all'estero per questo nome che viene così utilizzato nel nostro paese, ma è proprio il fatto che la madre di Gesù porti questo nome che lo ha reso così popolare. Al mondo si contano all'incirca 60 milioni di persone che portano questo nome. Culturalmente, il nome Maria accompagna una persona dall'animo nobile, dotata di grande pazienza e di rara bellezza. Ha un cuore grande, ma sta attenta ad aprirlo soltanto a chi si dimostra meritevole di esso.

- Maria Tudor I d'Inghilterra, regina d'Inghilterra e di Irlanda, detta Maria la Sanguinaria
- Callas Maria, lirica francese

- Goretti Maria, santa italiana
- Montessori Maria, medico, scienziato pedagogista, educatrice e volontaria.
- Stuarda Maria, regina di Scozia

PATRICIA

Patricia è un nome femminile che ha origine latina e ha il significato di "nobile o patrizio". Si tratta della forma femminile di Patrick. Nell'antica Roma, i cittadini erano divisi socialmente e politicamente in due classi principali, i plebei ed i patrizi. Avere il titolo di patrizio implicava che uno era di alto rango, cioè un aristocratico. Il nome Patricia non ebbe inizio in Irlanda, a differenza di quanto alcuni potrebbero credere, ma andò a svilupparsi in Scozia, per poi raggiungere una grande popolarità nel Regno Unito in seguito al battesimo di una nipote della regina Vittoria, ovvero la principessa Patricia di Connaught. Questo nome ha visto il suo picco di popolarità nel novecento, in particolare tra gli anni '40 e '50, per poi subire un netto calo. Questo nome rappresenta un carattere molto aperto e vivace, capace di intrattenere le persone e di stabilire legami importanti e duraturi. Le persone che la circondano spesso si dicono incantate, anche se non tutti apprezzato un carattere così vivo e forte.

- Piccinini Patricia, artista australiana.
- McCluskey Patricia, attivista irlandese.
- Barber Patricia, artista statunitense.
- Carli Patricia, compositrice e lirica italiana.
- Gibney Patricia, artista irlandese.

JENNIFER

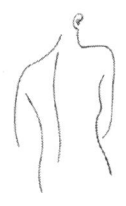

Il nome Jennifer è un nome femminile di derivazione Cornica (ovvero della Cornovaglia) il cui significato è "ombra bianca". Jennifer è la variazione cornica di Guinevere, che in definitiva deriva dal nome gallese Gwenhwyfar. Il nome è in uso nel mondo anglosassone fin dal XVIII secolo, ma ha raggiunto il suo massimo risalto nel XX. Nel 1970, c'è stato un picco di neonati che portavano il nome di Jennifer, raggiungendo all'incirca 800.000. Ad oggi, questo nome è in un calo di popolarità, anche se continua ad essere utilizzato. Questo nome definisce una personalità molto attraente e capace di sedurre con estrema semplicità. Tuttavia, c'è anche un carattere scontroso e complicato nascosto dietro ad un bell'aspetto, proprio per questo motivo sono pochi coloro che si possono definire compatibili con questa personalità.

- Higdon Jennifer, musicista statunitense.
- Pressman Jennifer, scrittrice e giornalista statunitense.
- Saul Jennifer, scrittrice e filosofa britannica.
- Randles Jenny, scrittrice e poetessa britannica.
- Yu Jennifer, scacchista statunitense.
- Flackett Jennifer, personaggio dello spettacolo statunitense.

LINDA

Inizialmente una forma abbreviata medievale di nomi germanici contenenti la parola *lind* che vuol dire "flessibile, morbido, lieve". Inoltre combacia con la parola spagnola e portoghese *linda* che vuol dire "bello". Nei paesi di lingua anglosassone questo nome ha avuto un aumento di popolarità a cominciare dagli anni '30, raggiungendo un apice alla fine degli anni '40, fino a declinare di lì a poco. È rimasto il nome più diffuso per le femmine degli Stati Uniti nel periodo dal 1947 fino al 1952. Si tratta di un nome che viene molto utilizzato anche in Italia, con più di 20.000 persone che lo portano. Questo nome definisce un carattere deciso e vigoroso, che ama fare del bene agli altri e raggiugere i propri obbiettivi.

- Malnati Linda, sindacalista e attivista italiana
- Arvidson Linda, personaggio dello spettacolo e sceneggiatrice statunitense
- Hardy Linda, personaggio dello spettacolo francese
- Cannetti Linda, lirica italiana
- Peeno Linda, medico e scrittrice statunitense

ELIZABETH

Il nome Elizabeth è primariamente un nome femminile di provenienza ebraica con il significato di "Dio è il mio giuramento". Elisheba ed Elisheva sarebbero delle varianti ebraiche del nome e Elisabet sarebbe invece il termine greco. I diminutivi del nome Elizabeth comprendono Liz, Lizzy, Beth, Bets, Betsy, Betty ed Eliza. I personaggi storici più importanti con il nome Elizabeth includono le regine Elisabetta I e II d'Inghilterra, che hanno certamente contribuito a favorire la popolarità di questo nome in tutto il mondo. Questo è un nome che ha visto un netto aumento di popolarità durante il novecento, ma che ora sta vedendo un lento declino. Senza ombra di dubbio definisce una personalità molto ambiziosa, che sa perfettamente ciò che vuole e usa tutti i mezzi possibili per raggiungerlo. Oltretutto, si nota un lato gentile e docile, che cerca la compagnia di una persona che sappia proteggerla e rispettarla.

- Picenardi Elisabetta, beata italiana
- Fiorini Mazzanti Elisabetta, scrittrice e divulgatrice italiana
- Gafforini Elisabetta, soprano e cantante lirica italiana
- De Gambarini Elisabetta, cantante e compositrice lirica inglese
- Belloni Elisabetta, diplomatica italiana
- Benato Beltrami Elisabetta, artista italiana

BARBARA

Il significato del nome Barbara viene dal greco *barbaros* che significa straniero o strano, viaggiatore da una terra straniera. Famoso nella Gran Bretagna medievale dopo la martire del III secolo Santa Barbara. Nella tradizione cattolica Santa Barbara è una protettrice contro il fuoco e i fulmini. È un nome chiaramente utilizzato anche in Italia, con circa 126.000 persone che si chiamano in questo modo, in particolar modo in Lombardia. Barbara si caratterizza da una personalità assai vivace, che non esita ad esprimere la propria opinione a tutto volume, e si batte per coloro che sono più deboli. Ha un animo molto forte e ama l'avventura ed i cambiamenti, infatti il suo peggior nemico è la noia e la staticità.

- Bel Geddes Barbara, personaggio dello spettacolo statunitense
- Bouchet Barbara, personaggio dello spettacolo tedesca
- Liskov Barbara, scrittrice e divulgatrice scientifica statunitense
- McClintock Barbara, scienziata statunitense
- Radziwiłł Barbara, regina consorte di Polonia

SUSAN

Susan è un nome femminile di provenienza ebraica. Il nome nasce dalla parola "Shushannah" che vuole dire "giglio della valle". Benché il nome Susan abbia avuto il suo periodo d'oro dagli anni trenta agli anni sessanta, e sia ormai diffuso tra le mamme e le nuove nonne, e sebbene la maggior parte dei genitori moderni preferisca nomi come Susanna oppure Susannah, sembra che questo nome possa avere una rinascita in quanto è stato visto un aumento di utilizzi. Susanna è un nome che determina un animo assai egocentrico, che vuole presentarsi bene agli occhi degli altri e non sopporta di non essere al corrente delle ultime novità. Inoltre, presenta un'intelligenza rara ed ama discutere per poter soddisfare la propria fame di curiosità.

- Kelly-Dreiss Susan, sindacalista e attivista statunitense
- Anspach Susan, personaggio dello spettacolo statunitense
- Bernard Susan, personaggio dello spettacolo e top model statunitense
- Sideropoulos Susan, personaggio dello spettacolo tedesca
- Solomon Susan, scienziata statunitense

JESSICA

Jessica è un nome tipicamente femminile con origini ebraiche che significa "ricco" o "Dio vede". Deriva dall'ebraico "yiskah" e le sue varianti comprendono Iska, Jeska, Yessica, Jessika, Jess, Jessie e Jesse. Iscah era una figlia di Haran secondo il libro della Genesi della Bibbia. Non è noto l'uso del nome Jessica prima dell'opera di Shakespeare "Il mercante di Venezia", nella quale la figlia del personaggio Shylock viene chiamata Jessica. Sebbene sia un nome straniero, Jessica vede un largo utilizzo anche nel nostro paese, mentre nei paesi esteri come gli Stati Uniti e la Gran Bretagna ha visto un picco di popolarità tra gli anni '80, '90, ed i primi anni 2000. Jessica accompagna un carattere deciso e sincero, che non ha peli sulla lingua e preferisce mantenere i patti chiari e l'amicizia lunga. Tuttavia, ama l'amicizia e non ci pensa due volte prima di fare conoscenza con persone nuove.

- Biel Jessica, personaggio dello spettacolo statunitense.
- Bird Jessica, giornalista e scrittrice statunitense.
- Brando Jessica, pianista e compositrice italiana.
- Fridrich Jessica, informatica statunitense, conosciuta per aver inventato il metodo Fridrich che permette la risoluzione del cubo di Rubik.

SARAH

Questo nome tipicamente femminile ha dietro a sé un gran numero di significati che sono anch'essi comunemente femminili, come "principessa", "signora" o anche "signora nobile". Altri fonti attribuiscono a questo nome il significato di "felice" o "pura", quindi ci sono davvero tanti motivi per dare questo nome al proprio neonato. Inoltre è un nome molto corto e simpatico, probabilmente è questo il motivo per cui è diventato così popolare sia all'estero, che in Italia (perlopiù nella variante "Sara"). Sarah è un nome presente anche nell'Antico Testamento (così si chiamava la moglie di Abramo e quindi la madre di Isacco) ed è stato un nome assai apprezzato nel corso della storia intera, con dei picchi che si sono registrati nel novecento. Tra i diminutivi di questo nome annoveriamo Sarai, Sadie, Sally, Siri e Sari. Sara ha una mente acuta, un carattere molto pacato e tranquillo, capace di relazionarsi con dimestichezza. È anche abbastanza irascibile però, motivo per cui è meglio non provocarla.

- Allgood Sara, personaggio dello spettacolo inglese.
- Sara Bareilles, cantante, pianista e compositrice statunitense.
- Dylan Sara, moglie di Bob Dylan.
- Errani Sara, sportiva italiana.
- Watkins Sara, compositrice e musicista statunitense

KAREN

Il nome Karen è un nome femminile di radici danesi che prende il significato di "puro, autentico". Karen è effettivamente una abbreviazione danese di Katherine, un nome inglese che è stato importato dal termine greco *aikaterine*. Il significato di *aikaterine* è spesso oggetto di dibattito, ma in linea di massima si pensa che sia nato dalla radice greca *katharos*, che vuol dire, appunto, "puro". Questo nome ha visto un aumento di popolarità (specialmente negli Stati Uniti) nel corso degli anni '60, mentre oggi sta cadendo in disuso. Karen è un nome che rispecchia un carattere molto deciso ed autoritario, che è intransigente nel far rispettare le regole. Tuttavia, dietro a questo carattere "duro" c'è anche uno spirito buono, che ama gli sport di squadra e la compagnia delle persone.

- Wetterhahn Karen, scienziata statunitense
- Ziemba Karen, personaggio dello spettacolo e show girl statunitense
- Andersdatter Karen, nobile danese

NANCY

Nancy è un nome tipicamente femminile che ha il significato di "favore" o "grazia". Ha origini ebraiche e francesi ed è stato importato in Inghilterra intorno al XIII secolo come un soprannome di Anne o Ancy (essendo quest'ultimo un soprannome di Annis), che era la variante britannica medioevale di Agnes. Secondo alcuni, in realtà il nome Nancy ebbe origine come contrazione di "mine Ancy", ovvero "la mia Ancy". Si tratta di un nome che è stato assai popolare soprattutto negli Stati Uniti, in particolare nella prima metà del novecento. La sua popolarità è calata da lì, toccando il suo anno di minor successo nel 2016, in cui Nancy era il 900esimo nome femminile più diffuso degli Stati Uniti. Dopo di allora, curiosamente, è tornato a crescere, risalendo di oltre 50 gradini nel 2018. Nancy è un carattere molto amichevole, che ama la compagnia e curarsi delle altre persone. Tuttavia, ha anche dei sogni del cassetto che conta sempre di trasformare in realtà con tenacia e pazienza.

- Ajram Nancy, artista libanese.
- Allen Nancy, personaggio dello spettacolo americana.
- Astor Nancy, politica e attivista britannica.
- Brilli Nancy, showgirl italiana.
- Cartwright Nancy, personaggio dello spettacolo e doppiatrice statunitense.
- Coleman Nancy, personaggio dello spettacolo statunitense.
- Cunard Nancy, anarchica, attivista e scrittrice britannica.

LISA

Lisa è per tradizione un nome femminile avente origini in ebraico, tedesco, greco e inglese. A prescindere da quale sia la lingua, è un nome che porta con sé un significato spirituale. Pare infatti che il nome voglia dire "giuramento di Dio", "dedito a Dio" oppure ancora "il mio Dio è misericordioso". La traduzione in ebraico deriva dal nome *Elisheba*, che fa anche riferimento al fiore del giglio. Ovviamente, Lisa è ora un nome abbastanza popolare e secolare e può essere usato come un nome a sé stante o persino come un nomignolo per nomi come Melissa oppure Elizabeth. Si tratta di un nome che ha riscosso fama in tutto il mondo (anche se in particolare negli Stati Uniti) a cavallo tra gli anni '70 e '80. Lisa descrive senza dubbio un carattere dolce, ma al contempo guerriero, che si batte per le persone che ama. A volte può essere scontrosa, ma solamente con le persone che non la trattano con il dovuto rispetto.

- Edelstein Lisa, personaggio dello spettacolo statunitense.
- Fissneider Lisa, sportiva italiana.
- Gastoni Lisa, personaggio dello spettacolo italiana.
- Germano Lisa, musicista statunitense.
- Gerrard Lisa, musicista e polistrumentista australiana.

MARGARET

Niente più che la forma anglosassone del nostro nome Margherita. Questo nome ha visto la sua prima diffusione durante il periodo medievale, ed è spopolato negli Stati Uniti specialmente a partire dai primi anni del novecento. La sua derivazione è da ricercarsi nel greco, in particolare nella parola "Margaritès", che ha il significato di "perla", per questo motivo si utilizza questo nome per evidenziare la bellezza o il carattere vivace e splendente di un neonato. Successivamente, questo nome venne collegato al fiore, ed oggi è il significato che più gli viene attribuito. Una personalità decisamente positiva, che vuole sempre cogliere il lato migliore della situazione, bella o brutta che sia. Non si lascia mai sfuggire un'occasione per dimostrare i suoi talenti e la sua intelligenza.

- Margherita d'Angoulême, artista francese.
- Margherita d'Austria, governatrice dei Paesi Bassi spagnoli e signora del ducato di Parma e Piacenza.
- Margherita II di Danimarca, regina di Danimarca.
- Margherita di Savoia, regina d'Italia.

SANDRA

Sandra non è altro che la derivazione femminile del nome "Alexsander", il cui origine arriva dal termine greco *Alèxandros*, che dal verbo *alexèin*, vuol dire "difendere" oppure "proteggere". In questo modo il nome può assumere il significato di "protettore delle proprie genti". Insomma, sicuramente è un nome che nasce da un diminutivo poi adottato come nome proprio. Sebbene abbia tutta l'aria di essere un nome puramente utilizzato in Italia, in realtà è famoso anche all'estero, in paesi come la Spagna, il Regno Unito e gli Stati Uniti. Sandra descrive un carattere molto buono e gentile, ma che non perdona le persone che le fanno del male. È sempre alla ricerca di avventura, ma non disdegna nemmeno il tempo che si passa nella tranquillità di casa propria.

- Bullock Sandra, attrice, sceneggiatrice e rigista statunitense.
- Ceccarelli Sandra, personaggio dello spettacolo italiana.
- Dee Sandra, showgril statunitense.

ASHLEY

E' un cognome inglese che inizialmente derivava da nomi di luogo che volevano dire "radura di frassini", da una combinazione delle due parole del vecchio inglese *æsc* e *leah*. Prima degli anni '60 era più frequentemente attribuito ai ragazzi negli Stati Uniti, ma è oggi più frequentemente utilizzato per le ragazze. Ha toccato il suo massimo della diffusione negli Stati Uniti nel 1987, ma non divenne il nome maggiormente in voga fino al 1991, rimanendo eclissato dall'altrettanto popolare Jessica fino a quel periodo. Nel Regno Unito rimane più diffuso come nome maschile. È un nome che viene utilizzato quasi esclusivamente nei paesi di lingua anglosassone, come Regno Unito, Stati Uniti e Australia, mentre in Italia si può dire che non ci sia traccia del suo utilizzo. Ashley descrive una personalità molto vanitosa, che ama avere gli occhi su di sé, e non perde mai un'occasione per mettersi in mostra. È anche intelligente, ma spesso la sua pigrizia mette freno alle sue potenzialità.

- Benson Ashley, personaggio dello spettacolo statunitense.
- Cafagna Ashley, musicista statunitense.
- Ellyllon Ashley, musicista statunitense.
- Fink Ashley, personaggio dello spettacolo statunitense.
- Frangipane Ashley, musicista e polistrumentista statunitense.
- Grace Ashley, musicista e sceneggiatrice statunitense.

KIMBERLY

Kimberly è un nome tipicamente inglese adatto a qualsiasi genere, ma è più comunemente usato al femminile. Il nome Kimberly ha il significato di "bosco della fortezza reale" o "dal prato del castello", e questo rende Kimberly una scelta ideale per chi è amante della natura. Il nome Kimberly è schizzato in vetta alla popolarità agli inizi degli anni '60 e ha toccato la massima diffusione nel 1967. A partire dagli anni '70 ha conosciuto una veloce decadenza e da quel momento è rimasto perlopiù in fondo alle classifiche, motivo per cui è un nome abbastanza unico ed originale tra le bambine moderne. Si tratta di un nome che definisce una personalità decisamente non comune, che da pochi può essere compresa ed apprezzata. Altalenante tra giornate in cui si sente socievole ed altre in cui preferisce stare in solitudine a svolgere hobby personali, Kimberly è una mente acuta, ma ha anche un cuore grande. Non è da tutti apprezzare il suo carattere, ma chi lo fa riconosce di aver trovato un vero e proprio tesoro.

- Dahme Kimberley, musicista statunitense
- Davies Kimberley, personaggio dello spettacolo australiana
- Joseph Kimberley, personaggio dello spettacolo canadese
- Santos Kimberley, modella statunitense
- Walsh Kimberley, musicista britannica

EMILY

Emily è veramente un classico come nome per neonati, che viene per tradizione scelto per le femmine. È conosciuto per la sua raffinata eleganza che non è eccessivamente elaborata o ostentata. Questo nome possiede radici francesi, tedesche, latine e molte altre, per questo motivo può essere usato per bambini appartenenti a una grande quantità di culture. Emily ha iniziato a vedere una salita di popolarità intorno agli anni '60, e raggiunse un picco di diffusione nel corso degli anni '90, ma ancora oggi gode di una buona posizione sulle classifiche. Si tratta di un nome semplice, facile da scrivere, ricordare e da pronunciare. Alcune varianti di questo nome includono Emilie, Emilee, Emalee, Emilia. Ad ogni modo, Emily presenta una personalità molto delicata, sensibile e nobile. Presta particolare attenzione alle esigenze degli altri, ed ama dare una mano, anche se a volte ciò la porta a trascurare sé stessa. Apprezza molto praticare sport e fare movimento, in modo da sentirsi sempre attiva ed in forma.

- Brontë Emily, letterata britannica.
- Deschanel Emily, personaggio dello spettacolo statunitense.
- Haines Emily, compositrice canadese.
- Emily Meade, cantante a personaggio dello spettacolo statunitense.
- Emily Mortimer, personaggio dello spettacolo britannica.
- Emily Osment, personaggio dello spettacolo e cantante statunitense.

DONNA

Il nome Donna ha naturalmente delle origini italiane, e, abbastanza curiosamente, non è tanto diffuso in Italia quanto lo è invece nei paesi anglosassoni come Regno Unito, Australia e, soprattutto, gli Stati Uniti. Questo nome deriva a tutti gli effetti dal latino ed il suo significato è "signora". Si tratta di un nome che accompagna un carattere molto dolce ed attraente, che sa perfettamente ciò che vuole ed usa tutti i mezzi possibili per ottenerlo. Non manca di tenacia e non ha paura degli ostacoli che sono sul suo cammino, tuttavia ha anche un cuore dolce, ed è alla ricerca di qualcuno che le mostri tenerezza, anche se stenta a mostrarlo.

MICHELLE

Il nome ha origine sia francese che ebraica ed è la variante femminile di Michael, che vuol dire "dono di Dio" oppure "che è come Dio". Questo nome è stato in forte voga dalla metà del novecento fino al 2010, ma negli ultimi anni sta vedendo un progressivo declino. È un nome molto particolare, che è stato sicuramente tenuto in cima alle classifiche anche da Michelle Obama, moglie dell'ex presidente degli Stati Uniti per due mandati consecutivi. Questo nome definisce una personalità senza ombra di dubbio tranquilla e pacata, che rispetta sé stessa e le persone attorno a sé. Tuttavia, è capace di grande ingegno, e sa risolvere i propri problemi con un'astuzia di cui pochi possono vantare.

- Terry Michelle, personaggio dello spettacolo e direttore artistico.
- Hurst Michelle, personaggio dello spettacolo.
- Veintimilla Michelle, personaggio dello spettacolo.
- Meyrink Michelle, personaggio dello spettacolo canadese.
- Thomas Michelle, personaggio dello spettacolo statunitense.

DOROTHY

Dorothy è la variante inglese del termine greco *Dōrothéa* che è formato dalle parole greche "doron" che vuol dire "dono" e "theos" che porta invece il significato di "dio". Il nome maschile greco Theodorus non è altro che l'inversione di questi due termini e significa la medesima cosa: "dono di Dio". Il nome Dorotea è tradizionalmente portato da una santa dell'inizio del '300, una delle cosiddette "vergini martiri". Dorotea di Cesarea aveva trovato la propria fede nel cristianesimo e quindi si rifiutò di pregare gli dei pagani adorati dall'impero romano. Questa fu la ragione per cui essa fu condannata a morte nel periodo della persecuzione dei cristiani avviate dall'imperatore Diocleziano. Stando a quanto dice una successiva leggenda medievale, Dorotea affrontò felicemente la sua esecuzione, allietandosi del fatto che presto si sarebbe trovata in paradiso. Dorothy è un nome che vuole rappresentare una persona forte e decisa delle proprie convinzioni, che sa mantenere il proprio ottimismo anche nelle situazioni più ardue. Proprio per questi motivi, è una grande fonte di ispirazione per chi la conosce.

- Arzner Dorothy, artista statunitense.
- Bernard Dorothy, personaggio dello spettacolo statunitense.
- Crowfoot Dorothy, scienziata e chimica britannica.
- Cumming Dorothy, artista australiana.
- Dalton Dorothy, personaggio dello spettacolo statunitense.

CAROL

Carol è un nome che ha due possibili provenienze. Nella maggior parte dei casi, Carol è ritenuto una forma ridotta di Caroline, a sua volta la forma femminile francese di Carolus (la forma latina medievale di Charles). Carolus, o Charles, derivano a loro volta da una parola germanica antica:"karl", che vuol dire "uomo libero" (questa parola era spesso utilizzata per riferirsi ad un uomo comune, qualcuno posto a metà tra le classi aristocratiche e la servitù). Invece, il termine dell'inglese antico "ceorl" (che ha la stessa radice) voleva dire un "uomo qualsiasi, di ceto medio". Col passare del tempo però, nell'alto tedesco e nell'inglese, entrambi i termini hanno cambiato i loro significati, ed ora vogliono dire semplicemente "marito, uomo". Carol è un nome che definisce un carattere molto amorevole e sensibile, che si preoccupa delle emozioni altrui ed ama aiutare il prossimo.

- Alt Carol, showgirl e modella statunitense.
- Bartz Carol, imprenditrice statunitense.
- Browner Carol, ambientalista e attivista statunitense.
- Burnett Carol, attrice e sceneggiatrice televisiva statunitense.
- Channing Carol, artista e attrice statunitense.

AMANDA

Il nome Amanda è stato coniato nel XVII secolo dal latino "amanda" che vuol dire "amabile, degna d'amore". Amanda è anche una variazione di Miranda che fu creata da William Shakespeare come protagonista del suo dramma scritto nel 1611, intitolato "La Tempesta". Shakespeare inventò Miranda a partire dall'aggettivo latino "mirandus" che ha un significato vicino ad "amanda", ovvero 'bella, attraente' dal verbo "mirari" che vuol dire 'ammirare'. Questo nome accompagna un carattere molto vivace e simpatico, che ama fare amicizia con tutti, ma che si apre dei propri sentimenti solamente con pochi prescelti.

- Papadimos Amanda, scienziata e astrofisica canadese
- Gulbis Sickafoose Amanda, scienziata sudafricana
- Abbington Amanda, personaggio dello spettacolo inglese
- Kernell Amanda, artista e sceneggiatrice svedese

MELISSA

Il nome Melissa trova la sua origine dal medesimo termine greco *melissa* che vuol dire 'ape del miele' ed era il nome appartenente ad una ninfa nella mitologia greca. Ci sono molteplici miti che ruotano attorno a Melissa nella cultura dell'antica Grecia. Melissa era una ninfa di montagna che occultò il neonato Zeus da suo padre, Crono, dal momento che quest'ultimo aveva intenzione di uccidere il piccolo figlio. Melissa allora diede da mangiare al bambino del miele, ma quando fu scoperta da Crono, fu tramutata in un lombrico. Zeus però ebbe pietà di colei che lo aiutò, e la trasformò in un'ape. La fama del nome Melissa è però anche dovuto al suo utilizzo all'interno dell'Orlando Furioso di Ariosto, in quanto era il nome di una fata. Si crede che la fama di questo nome sia iniziata proprio dopo la pubblicazione di questo romanzo. Melissa è un nome che accompagna un carattere coraggioso e nobile, che nutre amore per le altre persone, e agisce con coraggio.

- Auf der Maur Melissa, musicista e fotografa canadese.
- Etheridge Melissa, musicista e polistrumentista statunitense.
- Gilbert Melissa, artista, sceneggiatrice e attrice statunitense.
- Joan Hart Melissa, personaggio dello spettacolo statunitense.

DEBORAH

Deborah è un nome ebraico che deriva da "Dvora" che vuol dire "ape". Il nome appare due volte all'interno della Bibbia ed è portato da due donne distinte. All'interno della Genesi, Deborah è la nutrice che accompagna Rebecca durante il suo viaggio per diventare sposa di Isacco. Più avanti morì sotto ad una quercia che Giacobbe chiamò "Allon-bacuth" (che vuol dire "quercia piangente"). Nonostante ciò, la Deborah più conosciuta appare in Giudici 4-5. Non soltanto era ritenuta un giudice maggiore, ma era pure una profetessa e una militare che guidò gli israeliti verso la vittoria sui cananei. Deborah ha un carattere molto perseverante, che non ama fermarsi di fronte agli ostacoli, e spesso ne fa una questione di orgoglio. Crede nella giustizia e nelle regole, ed è sempre pronta a guidare gli altri alla lotta per ciò in cui crede.

- Bergamini Deborah, politica italiana.
- Compagnoni Deborah, sportiva italiana.
- Cox Deborah, artista canadese.
- Ellis Deborah, giornalista e scrittrice canadese.
- Fait Deborah, giornalista e scrittrice italiana.
- Priya Henry Deborah, showgirl malese.

STEPHANIE

Il nome Stéphanie è stato diffuso dai francesi come una variante femminile del nome Stefano, che proviene dal termine greco "stephanos" che vuol dire "corona di ghirlande". Stefano viene citato nella Bibbia in qualità di primo martire cristiano e, in quanto tale, è anche il primo discepolo di Gesù ad ottenere la corona di martire. Così come molti altri nomi all'interno della Bibbia, Stefano ha visto la sua maggiore diffusione nel Medioevo, quando i cristiani davano nomi biblici o di santi ai loro figli in modo da dare buon auspicio. Talvolta, i nomi maschili più in voga assumevano anche una versione femminile. Il nome Stephanie presto diventò molto popolare, in particolar modo negli Stati Uniti, rispetto agli altri paesi anglosassoni. Questo nome vuole rappresentare un carattere molto allegro ma soprattutto analitico ed intelligente. Ama dimostrare la propria arguzia studiando e risolvendo problemi che da lungo tempo rimangono irrisolti.

- Stéphanie di Monaco, figlia di Ranieri III di Monaco.
- Cohen-Aloro Stéphanie, sportiva francese.
- De Lannoy Stéphanie, moglie di Guglielmo di Lussemburgo.
- De Virieu Stéphanie, artista e scultrice francese.

I nomi maschili più popolari

JAMES

James è un nome molto popolare, tradizionale ed anche biblico (San Giacomo, in inglese James, era uno dei 12 apostoli di Gesù) che ha il significato di "supplente", "che prende il posto di". Deriva dal latino *Jacomus* che vuol dire anche "che Dio protegga". Questo nome rappresenta un carattere molto spontaneo, che cerca sempre avventure nuove ed ha un'avversione naturale per le regole. Dal momento che si annoia facilmente, è in continuo movimento ed è difficile seguirlo ovunque vada.

- Papez James, medico e anatomista statunitense
- Baxter James, comico britannico
- Gibbs James, architetto scozzese
- Ussher James, accademico e religioso irlandese

ROBERT

Il nome Robert deriva dall'antico nome germanico *Hrodberht*, derivato dai termini assai simili "hrod" che vuol dire 'gloria' e "berht" che significa 'splendente, luminoso'. I francesi normanni diffusero questo nome nella Gran Bretagna dei primi anni mille (dopo la conquista dell'Inghilterra), dove prese il posto del simile nome dell'inglese antico "Hreodbeorht". Robert è dunque rimasto un nome inglese molto diffuso sin dal Medioevo. Robert è un nome maschile, che è rimasto in uso praticamente ininterrotto per secoli. Il nome ha anche dato origine a molteplici varianti e forme abbreviate, tra le quali troviamo Robin, Robbie, Rob, Bert, Bob. Il carattere di Robert è quello di una persona molto seria e lavoratrice, che ama stare con la propria famiglia e mantiene una cerchia di conoscenze parecchio ristretta, ma intima. Predilige le relazioni vere e non ama perdere tempo nella vita.

- Adler Robert, scienziato austriaco
- Stirling Robert, scienziato e pastore scozzese
- Cailliau Robert, matematico e informatico belga

JOHN

Il nome John proviene dalla lingua ebraica e vuol dire "Dio è misericordioso" o anche "il signore è stato misericordioso" o altre declinazioni simili di queste parole. È stato per molto tempo una scelta molto diffuso per i neonati, ma sta vedendo un calo di apprezzamento costante dalla fine dell'800. È un nome che ha visto l'apice della propria diffusione nei paesi anglosassoni, come tutto il Nord America, il Regno Unito e l'Australia. SI tratta di un nome che definisce una persona molto simpatica, scherzosa, e che sa cogliere il lato positivo anche dalle situazioni peggiori. È un ottimo amico, ed è una persona con la quale non ci si annoia mai.

- Locke John, personaggio della serie televisiva Lost.
- Stuart Mill John, scienziato ed economista statunitense
- John Fitzgerald Kennedy: Presidente degli Stati Uniti

MICHAEL

Michael è un nome che deriva dal termine ebraico "Mikha'el" e che, curiosamente, ha il significato di "Chi è come Dio?", ovvero una domanda. Non è comune che il significato di un nome sia a tutti gli effetti una domanda, anche se si può ben capire che questa sia una domanda retorica, e che quindi voglia dire che nessuno è come Dio. Si può dire che quindi il nome Michael è una sorta di simbolo di umiltà nei confronti di Dio, e quindi anche di lode. È un nome assai popolare nelle culture anglosassoni, in tempi recenti grazie a molti personaggi famosi che lo portano, come Michael Jordan, Michael Jackson, soltanto per citarne alcuni. Negli ultimi cento anni, il nome Michael ha occupato il primo posto in termini di popolarità più di qualsiasi altro nome, nelle classifiche degli Stati Uniti. Michael è un animo forte e curioso, ama scoprire come funzionano le cose in modo da poterle aggiustare, ma anche soltanto per saziare la propria curiosità. È un buon amico con la quale si può parlare di tutto, in quanto ha una mente aperta ed è sempre disposto ad ascoltare le opinioni altrui.

- Wood Michael, scrittore e giornalista inglese.
- Heizer Michael, artista statunitense.
- Amott Michael, musicista svedese.
- Altenburg Michael, teologo e filosofo tedesco.

WILLIAM

William è un nome tipicamente maschile con delle origini inglesi, francesi, tedesche ed anche teutoniche. Il suo significato è "determinato" o "risoluto", ed il suo utilizzo è solitamente inteso come "protettore". Questo nome è assai utilizzato in tutti i paesi anglosassoni, ma anche in Francia. La fama di questo nome è dovuta a molti personaggi noti che nel corso della storia lo hanno portato, e tra questi come non nominare William Shakespeare, William Golding, William Thomson, William Wallace, e tanti altri ancora. Il nome William si traduce in un carattere analitico ed intelligente, che ama esprimere le proprie idee di fronte agli altri. Se c'è qualcosa che gli dà fastidio, sono le persone pigre e superficiali, che non usano la propria testa e pensano poco.

- Willam H. Cosby Jr, attore e sceneggiatore statunitense.
- James William, scrittrice e filosofo statunitense.
- Blake William, artista scrittore e poeta.

DAVID

David è uno dei nomi biblici che ha visto la maggior diffusione tra i neonati. Questo nome è nato nell'Antico Testamento ed apparteneva al secondo re d'Israele, Davide è un personaggio assai importante nella narrazione giudeo-cristiana. Questo nome vede la propria origine dall'ebraico "Dawidh" che vuol dire "adorato, amato", il che si addice al personaggio dal momento che Davide è il più stimato di tutti i re d'Israele, nonostante tutto. La sua storia è narrata con estrema chiarezza nei primi due libri di Samuele, quando Samuele unge Davide come secondo re d'Israele, e che include la nota vicenda di "Davide e Golia", in cui il piccolo Davide uccide il gigante Golia con l'ausilio di una fionda. Davide è un carattere assai affascinante, bravissimo a raccontare storie e riesce ad ottenere ciò che vuole utilizzando la propria oratoria. Nonostante tutto, è vero che spesso e volentieri si lascia andare ad uno stile di vita fin troppo sfrenato.

- Bowie David, artista, scrittore e musicista britannico
- Cameron David, politico e attivista britannico
- Fincher David, attore, produttore e sceneggiatore statunitense
- Gahan David, artista britannico
- Gilmour David, polistrumentista e anima della band Pink Floyd britannico

RICHARD

Richard è un nome che giunse in Inghilterra nel 1500 per via dei Normanni francesi. La sua origine è germanica e pone le sue radici dai termini quasi sinonimi "rīc" che significa "forte" e "hard" che vuol dire 'resiliente, coraggioso'. Il nome è stato quasi subito adorato dagli inglesi ed è stato uno dei nomi che ha avuto maggior popolarità nella cultura anglosassone. Riccardo I è il nome di un re d'Inghilterra del 1600, che era conosciuto come Riccardo Cuor di Leone, ed era il figlio del re Enrico II nonché pronipote di Guglielmo il Conquistatore. Riccardo è il nome di una persona assai testarda, che vuole vivere secondo le proprie regole ed è pronto a farsi strada quando vuole ottenere qualcosa. Per via dei suoi capricci, certe volte ci vuole molta pazienza da parte di chi lo conosce.

- Becker Richard, scienziato tedesco
- Beeching Richard, scienziato e ingegnere britannico
- Dixon Oldham Richard, sismologo e geologo inglese
- Lindzen Richard, astrofisico statunitense

JOSEPH

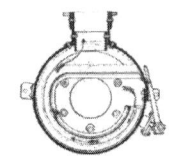

Joseph è un nome molto diffuso, e tipicamente maschile, ha delle origini ebraiche ed è citato nella Bibbia (Joseph, ovvero Giuseppe, era l'undicesimo figlio di Giacobbe all'interno del Vecchio Testamento, ed era quindi il padre di Gesù). Joseph proviene dall'ebraico *Yosef* e *Yasaf* che hanno il significato di "aggiungere" o "incrementare". Joseph è un nome che per lungo tempo ha mantenuto la sua posizione di popolarità. Ha visto i suoi anni più proficui durante gli anni '50, in cui quasi il 2% dei neonati negli Stati Uniti ha avuto questo nome. Ha visto un altro picco di diffusione nel corso degli anni '80 ed è rimasto nei dintorni della cima delle classifiche fino ai primi anni novanta, momento in cui ha iniziato a calare di apprezzamento. Tuttavia, ad oggi rimane un nome assai usato ed apprezzato in molti paesi esteri. Naturalmente, in Italia questo nome viene tradotto in Giuseppe. Joseph è un nome che riporta ad un carattere molto vivace e che ama rompere le regole, portando spesso a problemi. È dotato di una grande intelligenza, ma fa fatica a dimostrarla rimanendo all'interno degli schemi, per questo fa grande uso della propria creatività per esprimersi.

- Aké Yapo Joseph, arcivescovo cattolico ivoriano
- Coleman Joe, artista e pittore statunitense
- Kosuth Joseph, artista contemporaneo statunitense

THOMAS

Thomas è fondamentalmente la variante inglese del termine greco "Didymus", che a sua volta proviene dall'aramaico "Ta'oma" che vuol dire letteralmente "il gemello". Per i primi secoli d.C., il nome Tommaso fu usato quasi esclusivamente tra i sacerdoti in dimostrazione di umiltà per via di Tommaso che dubitò della resurrezione di Gesù e disse: "Se non vedo, non credo". Questo nome divenne famoso in Europa durante le Crociate. Thomas è la descrizione di una personalità molto gentile e fedele alle proprie amicizie, pronto a battersi per la giustizia sociale. Tuttavia, è anche ambizioso, e non esita a darsi da fare per raggiungere i propri obbiettivi di vita.

- Homer-Dixon Thomas, scrittore e accademico canadese
- Vaughan Thomas, filosofo e scrittore gallese
- Button Thomas, esploratore e ammiraglio britannico

CHARLES

Il nome Charles non è altro che la forma inglese e francese del nome tedesco Karl (o anche Carl), che ha origine dalla parola germanica "karl" che vuol dire "uomo libero". Secoli fa, il termine di origine germanica "karl" aveva il significato di un uomo "libero", ma non di borghese o aristocratico. Quindi, dalla stessa radice altomedievale della parola inglese "ceorl" che voleva dire "un uomo comune". Insomma, descriveva qualcuno che era libero, nel senso che non era un servo o uno schiavo, ma non era nemmeno appartenente agli alti ranghi della società. Più avanti questo nome ha però mutato la propria definizione per assumere il significato di "uomo, marito". Nonostante l'origine umile di questo nome, esso è stato utilizzato da vari re e personaggi importanti (vedi Carlo Magno, per fare un esempio). Il nome Charles definisce una personalità molto forte, che è in grado di sopportare grandi carichi di stress ed affrontare le difficoltà della vita. Nonostante il carattere duro e grezzo, nasconde un'anima soffice che cerca amore e protezione.

- Lenormant Charles, storico ed egittologo francese
- Barry Charles, architetto inglese
- Phan Hoang Charles, sportivo vietnamita

CHRISTOPHER

Christopher è un nome storicamente maschile che ha origine dal termine greco *Christóforos* e che significa "portatore di Cristo". Nella narrazione biblica, San Cristoforo portò il Gesù bambino attraverso un fiume. Il nome Christopher divenne molto diffuso in Inghilterra subito dopo il Medioevo (intorno al 1400) ed era molto in voga anche nei paesi scandinavi (dove in genere viene usato nella variante Kristoffer). L'esploratore italiano Cristoforo Colombo è uno dei personaggi più famosi che hanno questo nome. Christopher è una persona dal carattere perlopiù timido, che si apre poco alle persone e si trova bene con poche conoscenze, ma molto intime. È un grande pensatore ed ama la solitudine per poter lavorare ai propri progetti.

- Reeve Christopher, scrittore e sceneggiatore statunitense
- Fairbank Christopher, sceneggiatore e attore britannico
- Jackson Christopher, compositore e musicista statunitense

DANIEL

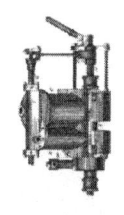

È un nome tipicamente maschile che ha origini ebraiche, gallesi e irlandesi. Daniel vuol dire "bello" o anche "Dio è il mio giudice" partendo dal termine *Daniyyel* in ebraico, per cui "din" significa "giudice" mentre "el" significa "dio". All'interno della Bibbia, il profeta Daniele era un ragazzo che viaggio fino a Babilonia dopo la distruzione della città di Gerusalemme. Questo nome ha visto un picco di popolarità più o meno a partire dal 1600, e ad oggi rimane molto popolare non solo nei paesi anglosassoni, ma anche in Italia, Spagna, Irlanda, Austria, ed alcuni paesi scandinavi. Il nome Daniel ritrae un carattere tranquillo con le persone, ma molto attivo per quanto riguarda gli sport.

- Stolcius von Stolcenberg Daniel, medico e astrologo boemo
- Gittard Daniel, scienziato e architetto francese
- Chalonge Daniel, astrofisico francese

MATTHEW

Matthew è un nome inglese di radice ebraica, in particolare dal termine *Mattathyah* che vuol dire "dono di Yahweh". La diffusione di Matthew come nome è dovuta al Nuovo Testamento cristiano in cui Matthew (ovvero Matteo) è uno dei quattro evangelisti nonché autore del primo vangelo. Si tratta di un nome assai diffuso nei paesi anglosassoni, mentre in Italia la sua presenza è praticamente nulla. La sua personalità è molto interessante, in quanto è una persona molto colta e curiosa, ed è molto bravo a relazionarsi con le persone che lo circondano. Non ha un carattere duro, ma anzi si comporta con estrema gentilezza perché crede che sia giusto far stare bene gli altri.

- Man-Oso Ndagoso Matthew, arcivescovo metropolitano nigeriano
- Collier Matthew, astrofisico statunitense
- Frew Matthew, aeronauta britannico

ANTHONY

Anthony è un nome tipicamente maschile con origini che risalgono alla Roma e la Grecia antiche, così come alla lingua basca. In basco, Anthony vuol dire "che aggiunge", e può assumere il significato sia di "appartenente alla famiglia Antonius" in latino che "inestimabile" in greco. Questo nome è anche legato al greco "anthos" che vuol dire fiore. Dal punto di vista della popolarità invece, questo nome ha visto un picco di diffusione negli anni '90, ed ha cominciato poi a scendere. Ad oggi, è comunque un nome abbastanza diffuso, sia all'estero che in Italia. Anthony è un nome che caratterizza una personalità molto tranquilla, che ama stare con sé stesso ed anche in solitudine, anche se non disdegna la compagnia. È molto intelligente, ed è un avido lettore.

- Campitelli Anthony, architetto e costruttore statunitense
- Quinn Anthony, attore e sceneggiatore messicano
- Red Rose Anthony, artista e cantautore giamaicano

MARK

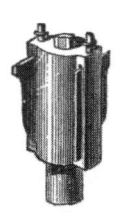

Mark è una forma inglese del nome latino *Marcus* che è uno dei più vecchi e storici nomi dell'antica Roma. Infatti, nell'antichità, Marcus era uno dei pochi nomi che venivano usati per i bambini. Tuttavia, il significato del nome è incerto e fonte di dibattito. l primo significato è *Marte*, il dio romano della guerra e quindi il significato sarebbe 'consacrato al dio Marte' e quindi un nome da guerriero. Il secondo viene dal termine latino *mas* che vuol dire 'maschio, virile' che si unisce bene con Marte. Mark è anche il nome dell'evangelista e autore del secondo vangelo del Nuovo Testamento che è probabilmente il motivo per cui questo nome è così popolare. Mark è un nome che ritrae un carattere giovane e deciso, molto motivato di raggiungere i propri obbiettivi, e che raramente si lascia distrarre.

- Kerr Mark, ammiraglio inglese
- Hollis Mark, cantautore e musicista statunitense
- Boyle Mark, scrittore e attivista irlandese

DONALD

Donald non è altro che la versione inglese del nome scozzese "Domhnall", che è anche uno dei più antichi nomi celtici in uso corrente. Il nome deriva dai termini celtici "dumno" che vuol dire 'mondo' e "val" che significa 'regola'. Quindi, Donald significa fondamentalmente "Governatore del mondo" o "Colui che regola il mondo". Questo nome ha visto la sua popolarità quasi unicamente all'interno dei paesi anglosassoni. Donald è un carattere aperto, che sa cogliere le opportunità quando arrivano, ed è in grado di stringere relazioni durature con estrema disinvoltura.

- Buchla Don, scienziato statunitense
- Lambert Donald, musicista e compositore statunitense
- Was Don, musicista statunitense

STEVEN

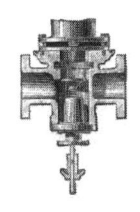

Deriva dal nome greco *Stephanos* che vuol dire "corona" o "ghirlanda", oppure "ciò che circonda". Santo Stefano era un diacono che fu lapidato a morte, come viene narrato negli Atti del Nuovo Testamento. Viene considerato il primo martire cristiano, ed è grazie a lui che il nome divenne molto comune nel mondo cristiano. Il nome Steven fu anche portato in Inghilterra da parte dei Normanni. Fu anche il nome dei re d'Inghilterra, di Polonia e di Serbia, così come di addirittura dieci papi. Tra altri personaggi di spicco, più recenti, che hanno portato questo nome, annoveriamo Steven Spielberg e Steven Seagal. Una personalità davvero anticonformista quella di Steven, che cerca sempre il modo di andare controcorrente per stupire chi lo circonda. Si tratta di una persona simpatica e creativa, che conosce sempre il modo di divertirsi.

- Bell Steve, disegnatore e fumettista inglese
- Keen Steve, economista australiano
- Della Casa Steve, direttore e critico artistico italiano

PAUL

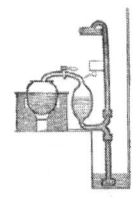

Il nome Paul era un antico nome di famiglia romano che proveniva da un diminutivo durante l'epoca classica. La parola latina "Paulus" vuol dire "umile, piccolo". Paolo è nominato all'interno della Bibbia, precisamente nel Nuovo Testamento, come uno dei più grandi missionari cristiani che visse durante il primo secolo. Il nome Paul è stato ampiamente utilizzato negli Stati Uniti per oltre un secolo. Per i primi 60 anni circa del ventesimo secolo, Paul è stato uno dei primi 20 nomi preferiti per i bambini all'interno degli Stati Uniti. Paul è un nome che raffigura una personalità semplice, che sa cogliere ciò che c'è di bello senza bisogno di grandi novità. Ha un animo buono e vuole stare insieme alle altre persone, in quanto la solitudine lo deprime con estrema facilità.

- Kleinert Paul, teologo, scrittore e accademico tedesco
- Grohmann Paul, scalatore austriaco
- Walden Paul, scienziato e chimico lettone

ANDREW

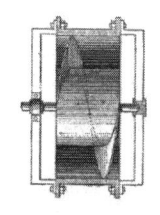

Andrew è la variante inglese del termine greco "Andreas" che ha il significato di "coraggioso", derivante dal greco antico ἀνήρ (aner), genitivo di "anthrōpos" (uomo). Come nome maschile, la grande diffusione di Andrew è dovuta a un discepolo di Cristo del primo secolo, vale a dire Sant'Andrea. Infatti, unitamente a suo fratello Simon Pietro, Andrea fu uno dei primi discepoli che vennero chiamati da Gesù nel Nuovo Testamento. Andrea fu a tutti gli effetti un primo divulgatore del messaggio di Cristo e talvolta viene ricordato per questo. Essendo un pescatore galileo, Sant'Andrea fu inizialmente un discepolo di Giovanni Battista ed anche uno dei primi a vedere Gesù come il Messia. In seguito alla Resurrezione, Sant'Andrea continuò a predicare nell'Asia Minore ed anche in Grecia. Divenne poi uno dei santi più "famosi" nel Medioevo e diventò patrono di diversi paesi, come Scozia, Russia e Grecia. Andrew è stato per molto tempo un nome molto diffuso nel mondo anglosassone, ma questo nome viene preferito soprattutto in Scozia. Andre è un nome che definisce una persona che lotta molto per i propri ideali, e non ama farsi trascinare da vizi. Predilige una cerchia ristretta di amicizie che coltiva con cura e amore.

- Hodges Andrew, scienziato e matematico britannico
- Pritchard Andrew, fisico e scienziato inglese
- Fisher Andrew, attivista e politico scozzese

JOSHUA

Joshua è un nome che vede le sue radici nella lingua ebraica. Il termine proviene dall'ebraico Yehoshua, che vuol dire salvezza. Nella narrazione Biblica, Giosuè (ovvero Joshua) fu scelto come successore di Mosè al fine mettersi alla guida del popolo d'Israele. Il nome Joshua ha il significato di "Geova è misericordioso" o "Geova salva". Il nome Joshua ha iniziato a vedere un picco di popolarità verso la metà del novecento, ma ha visto il suo massimo utilizzo a cavallo tra gli anni '60 e '70, arrivando al suo momento di massimo splendore negli anni '80 e restando in cima alle classifiche per molti anni. Seppur ad oggi venga utilizzato assai di meno, rimane comunque un nome molto apprezzato. Joshua è un carattere pacifico e nobile, in quanto la sua qualità è quella di trovare accordi con le persone in modo da evitare il conflitto. È una persona molto socievole, che si fa amare per i suoi atti di gentilezza. È dotato di buone maniere e raramente si irrita se le cose non vanno come vorrebbe, ma anzi cerca di affrontare la vita con pazienza e leggerezza.

- Hassan Joshua, politico britannico
- Buatsi Joshua, sportivo e lottatore britannico
- Sylvester Joshua, scrittore e poeta britannico

KENNETH

Questo nome è di origine scozzese e proviene da due diversi nomi gallici, Cináed 'nato dal fuoco' e Coinneach 'bello'. Il nome ha riscosso una particolare diffusione in Scozia grazie a Kenneth Mac Alpin che viene ritenuto tradizionalmente il primo re di Scozia per aver unificato i Pitti e gli Scozzesi sotto un solo regno nel corso dell'800 a.C. La notorietà del nome si è allargata molto al di fuori della scozia ed è infatti presente in pressoché tutti i paesi di lingua anglosassone. Il nome Kenneth ha visto un grande successo soprattutto negli Stati Uniti, e per ben oltre cento anni. Giusto all'inizio del novecento, Kenneth è comparso nella classifica dei 100 nomi maschili più in voga. Kenneth ha un carattere controverso, che ama rompere le regole e fare scherzi alle persone. Tuttavia, è anche un grande amico, e tutti amano passarci del tempo insieme.

- Pinyan Kenneth, scienziato e ingegnere statunitense
- Carpenter Kenneth, storico e scrittore statunitense
- McAlpine Kenneth, ex pilota britannico

KEVIN

Kevin non è altro che la variante inglese del nome di origine irlandese "Caoimhín", composto dagli elementi gallici "caomh" che prende il significato di "bello" e "ghín" che vuol dire "nato". In questo modo Kevin si può essere inteso come "ben nato" oppure "bambino bello". Caoimhín è stato per molto tempo un nome maschile assai amato in Irlanda, e la sua diffusione è parzialmente dovuta a san Caoimhín. Ad oggi questo nome continua ad essere molto apprezzato dagli irlandesi, ma è molto diffuso anche al di fuori di questo paese. Infatti, Kevin rientra nella classifica dei 100 nomi più apprezzati in molti paesi, come Stati Uniti, Svezia, Norvegia, Slovenia, Ungheria, Cile, Catalogna. Sebbene sia una minoranza, anche in Italia questo nome viene utilizzato. Kevin ha un carattere molto premurosa ed attenta, anche se talvolta misteriosa e solitaria. Ama uscire con gli amici, ma non quanto gli piaccia stare a casa a coltivare le sue passioni.

- Bacon Kevin, sceneggiatore, attore e produttore cinematografico.
- Costner Kevin, sceneggiatore, attore e produttore cinematografico.
- Glendalough Kevin, monaco e religioso irlandese.

BRIAN

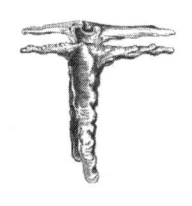

Si pensa che l'origine del nome Brian, perlopiù utilizzato in Irlanda, derivi da un'antica parola celtico-gallica, ovvero "brìgh", che ha il significato di "alto, nobile". A sua volta, questo termine potrebbe originarsi dalla parola celtica "bre" che vuol dire "collina, altura". Senza ombra di dubbio Brian deve la gran parte della sua diffusione in Irlanda all'ultimo re d'Irlanda, Brian Boru, che regnò a cavallo tra il 1002 ed il 1014. Questo re sopraffece i vichinghi nella battaglia di Clontarf, ma poi morì per delle ferite prese sul campo. Brian è stato per molto tempo un nome maschile amato in Irlanda fin dal Medioevo, e a partire dal '900 ha visto la propria notorietà andare oltre i confini irlandesi. I nomi irlandesi sono stati molto apprezzati in altri paesi anglosassoni verso la metà del novecento. Brian è ancora abbastanza diffuso nel mondo, ma è ancora più amato dagli irlandesi che dagli stranieri. Brian è un nome che definisce un carattere molto forte, che ama predominare sugli altri e stabilire che è lui che comanda. È molto forte mentalmente e non ama scendere a compromessi, perché la sua testardaggine gli impone di ottenere ciò che vuole.

- Culbertson Brian, artista statunitense
- Merriman Brian, scrittore e poeta irlandese
- Howes Brian, cantante, musicista e polistrumentista canadese

GEORGE

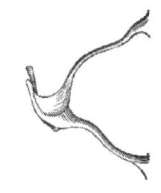

George è un nome con radici greche e anglosassoni. Il suo significato è "agricoltore", dal momento che in greco deriva da "georgos" che raffigura un coltivatore della terra. Il nome di Giorgio è stato portato in particolare da un santo dell'inizio del 400 che sarebbe poi divenuto il santo patrono dell'Inghilterra ben mille anni dopo, ovvero nel 1400. Prima di questo evento, San Giorgio era molto più conosciuto all'interno della religione greco-ortodossa durante il periodo medievale anziché nella fede cattolica romana d'occidente. San Giorgio era un noto soldato dell'esercito romano sotto il comando dell'imperatore Diocleziano. Fu decapitato perché rifiutò di rinnegare la propria fede cristiana. Ad aumentare ulteriormente la diffusione del nome fu il re Giorgio I d'Inghilterra. George possiede una personalità molto attiva e creativa, non eccelle nelle materie scientifiche e tecniche, ma sprigiona invece tutto il suo potenziale quando si parla di arte e musica. È una persona socievole ed amabile, anche se alle volte può essere irritabile.

- Porter George, scienziato e chimico britannico
- Blumenthal George, imprenditore statunitense
- Steevens George, critico letterario inglese

EDWARD

Edward è uno dei più antichi nomi inglesi di origine sassone e perciò è datato a prima della conquista da parte dei normanni. L'invasione normanna portò una mutazione assai profonda nel modo in cui si sceglievano i nomi per i neonati in Inghilterra, e molti dei vecchi nomi sassoni e celtici caddero rapidamente fuori dall'uso comune. Edward (che in origine era "Ēadweard") è facilmente quello più amato e duraturo di tutti i nomi che sono resistiti all'influenza normanna. Edward si origina dai termini "ēad" che vuol dire 'prosperità, ricchezza' e "weard" che significa 'guardia' quindi il nome significa praticamente 'Guardiano delle ricchezze'. Il nome è motivo di grande orgoglio per gli inglesi e mantiene un posto nella classifica dei 50 nomi maschili più usati in Gran Bretagna. Nelle altre nazioni anglosassoni invece, sta perdendo progressivamente di notorietà. Edward ha un carattere senza dubbio competitivo e forte, una vera e propria personalità da leader. Si tratta di una persona che non ama gingillarsi, ma che invece vuole muoversi e rischiare, raggiungendo i propri obbiettivi.

- England Edward, fuorilegge inglese
- De Vere Edward, scrittore, peota e filantropo inglese
- Bennett Edward, attore, sceneggiatore e regista inglese

RONALD

Ronald è la variante inglese di un antico nome scandinavo, ovvero "Rögnvaldr", che si origina dai termini dell'antico norreno "regin" che vuol dire 'consiglio' e "valdr" che significa 're, sovrano'. Questo nome fu esportato prima nell'Inghilterra del nord ed in Scozia dai vichinghi, ed in seguito dagli scandinavi durante il Medioevo. Questo nome è noto anche per essere stato portato da un santo scozzese del 1600, Ragnvald Kale Kollsson (conosciuto a noi come San Ronald delle Orcadi). Ronald fu poi ucciso da parte di un gruppo di ribelli e fu venerato come martire. Ronald era un nome molto usato in Scozia nel corso del Medioevo e divenne presto molto amato tra tutte le nazioni di lingua inglese. Ronald è un nome che si traduce in una personalità buona, che vuole prendersi cura della propria comunità e desidera migliorarne le condizioni di vita. È un grande lavoratore, e quando si mette in testa di fare qualcosa, niente lo può fermare.

- Brautigam Ronald, musicista olandese
- Harwood Ronald, scrittore, artista e sceneggiatore britannico
- Stampfer Ronald, sportivo austriaco

Etimologia nomi antichi

Abbiamo visto in lungo e in largo l'etimologia dei nomi che vengono più apprezzati, sia in Italia che nei paesi esteri. Ora, andiamo a dare un'occhiata al significato dei nomi più antichi, tanti dei quali sono ormai caduti in disuso e conosciuti a pochi.

ACHILLE

Tutti noi conosciamo Achille come il famoso ed eroico protagonista dell'Iliade, ma si tratta di un nome che, per quanto antico, viene non poco spesso utilizzato per i nuovi nati. Si stima infatti che in Italia ci siano all'incirca 25.000 persone che portino questo nome, e che la maggior parte di queste sia nata in Lombardia. Parlando di etimologia invece, ci sono opinioni discordanti al riguardo, anche se la teoria più fattibile vuole che Achille derivi dal greco "Achilleus", che ha il significato di "senza labbra", dal momento che l'eroe Achille non si sarebbe mai nutrito del latte materno. Altre fonti invece suggeriscono che questo nome voglia dire "bruno, scuro", ma la certezza non la si può avere. Ad ogni modo, è un ottimo nome per il proprio bimbo, ed il significato che gli si vuole attribuire è personale. Questo nome definisce una personalità sicuramente molto coraggiosa, che rende onore all'eroe Achille. Non si ferma di fronte agli ostacoli, ma anzi li affronta con valore e determinazione.

- Alberti Achille, personaggio dello spettacolo italiano.
- Astolfi Achille, scultore, pittore e artista italiano.
- Bocchi Achille, scrittore e filosofo italiano.
- Campanile Achille, giornalista, scrittore e sceneggiatore italiano.

AMERIGO

Trattasi di un nome di provenienza tedesca, che ha le sue radici nel germanico antico, precisamente dal termine "Haimrich" che vuol dire "signore della patria". A rendere famoso il nome è Sant'Amerigo a Bamberga, ma più in particolare Amerigo Vespucci, dalla quale il continente americano ha preso il nome. In Italia ci sono quasi 9.000 persone che hanno questo nome, e la maggior parte di esse è nata in Lazio ed in Toscana. Si tratta di un carattere che ama l'azione, non vuole fermarsi a pensare e preferisce agire d'impulso. Certo, questo lo porta a commettere diversi errori, ma non perde mai un'occasione.

- Bartoli Amerigo, artista e scrittore italiano.
- Bottai Amerigo, filantropo italiano.
- Amerigo di Narbona, soldato francese.

ADALGISA

Questo nome femminile è molto poco diffuso e conosciuto. Deriva dall'antica lingua germanica, ovvero dai termini "Adal" e "Gisal", che uniti vogliono dire "nobile ostaggio" oppure "freccia nobile". La sua diffusione nel nostro paese è avvenuta a causa delle invasioni barbariche. Ci sono circa 19.000 persone che si chiamano così, la cui maggioranza nasce in Lombardia. Adalgisa è un nome che si traduce in una personalità molto nobile e razionale, che non ama le ingiustizie e le persone finte. Si comporta sempre con molto rispetto per le persone e l'ambiente che la circonda. Dimostra inoltre molta intelligenza nelle discipline tecniche e scientifiche.

- Gabbi Adalgisa, cantante lirico italiano.
- Impastato Adalgisa, sportivo italiana.
- Nery Adalgisa, scrittrice e filosofa brasiliana.

AMILCARE

Questo nome deriva dal termine "Himelqarth", che era un nome cartaginese che stava ad indicare il dio difensore della città di Tiro. A Cartagine era usanza dare questo nome ai nuovi nati sperando che diventassero dei grandi generali o soldati. C'è anche una versione femminile di questo nome, ovvero "Amilcara", che spesso e volentieri viene utilizzata nel diminutivo "Cara". A diffondere questo nome nel nostro paese ha contribuito sicuramente Amilcare Ponchielli, un grande compositore che fu autore di numerose opere assai note. Il suo onomastico cade il primo di Novembre. Ci sono circa 4.500 persone che portano questo nome in Italia, la maggior parte di esse nate in Lombardia ed in Emilia Romagna. Amilcare è un nome che raffigura un carattere molto studioso, amante della letteratura e della musica. Non ama gli stili di vita sfrenati, ma anzi apprezza la semplicità e l'umiltà.

- Amilcare II, generale e re di Cartagine.
- Barca Amilcare, politico e filosofo cartaginese.

BARTOLOMEO

L'origine di questo nome è da ricercare nel termine aramaico "Bar-Talmay", che vuol dire "figlio di Talmay". Si tratta di un nome abbastanza usato in Italia, ma è certamente più diffuso nei paesi anglosassoni. La popolarità di questo nome è sicuramente in parte merito di San Bartolomeo apostolo, che divenne martire nell'anno 47. La tradizione dice che le sue reliquie si trovino sull'isola Tiberina. Varianti di questo nome sono Bartolo e Bortolo, anche se assai meno diffuse. Descrive un carattere molto forte, sicuro di sé, che ama la compagnia e vuole essere un leader. Nonostante ciò, è continuamente alla ricerca di qualcuno che possa comprendere la sua parte più tenera.

- Bartolomeo di Costantinopoli, religioso greco.
- Ammannati Bartolomeo, artista e architetto italiano.
- Bezzi Bartolomeo, scultore e pittore italiano.
- Bosco Bartolomeo, mago e illusionista italiano.
- Colleoni Bartolomeo, combattente italiano.

CASSANDRA

Questo nome proviene dal greco, precisamente dal verbo "Kassandras" che vuol dire "trionfare, vincere". La popolarità del nome è in parte dovuta alla profetessa Cassandra, figlia del re Priamo, che aveva predetto la conquista di Troia, ma non è mai stata creduta da nessuno. Cassandra è un nome che determina un carattere molto astuto, in grado di ottenere ciò che vuole utilizzando la propria bellezza ed anche la seduzione.

- Clare Cassandra, giornalista e scrittrice statunitense
- Fedele Cassandra, filosofa italiana
- Gava Cassandra, personaggio dello spettacolo e sceneggiatore statunitense

CESIRA

Questo nome femminile ha una radice etrusca, che poi fu latinizzato in "Caesar", ed in seguito diventato il cognome di una gens latina che vuol dire "grande". Cesira altro non è che la forma femminile del nome "Cesare", che tutti noi conosciamo per l'importanza del grande politico Giulio Cesare. Anche gli imperatori tedeschi vollero usare questa parola come titolo nobiliare, e da qui nacque il termine "kaiser". Si stima che in Italia ci siano circa 17.000 persone che portano il nome Cesira, la maggior parte di esse nate in Lombardia e Veneto. Questo è un nome che definisce un carattere che ama stare in compagnia, ed è in grado di intrattenere le persone che la circondano. Nonostante la sua affabilità, ha anche un lato parecchio irascibile, motivo per cui è meglio non farla arrabbiare.

- Ferrani Cesira, cantante lirica italiano.
- Ferrari Cesira, cantante lirica italiano.
- Pozzolini Cesira, filosofa, giornalista e scrittrice italiana.

CLIO

Clio è un nome di origine greca, infatti questo è il nome che portava una delle nove muse che venivano venerate nell'antica Grecia. Clio era la musa della storia, che aveva ricevuto il dono della memoria, ovvero la capacità di trasmettere il ricordo di eventi storici ed importanti. Il significato di questo nome è infatti "colei che rende illustre". Essendo un nome adespota, il suo onomastico viene festeggiato il primo di Novembre. Clio ha una personalità molto timida, non ama essere al centro dell'attenzione, ma anzi predilige la compagnia di poche persone, ma fidate. Ha un cuore d'oro e si fa in quattro per aiutare gli amici, per questo motivo viene apprezzata da chi la conosce.

- Goldsmith Clio, personaggio dello spettacolo francese.
- Bittoni Clio Maria, moglie di Giorgio Napolitano.
- Zammatteo Clio, sceneggiatrice, truccatrice e produttore televisiva

DAFNE

Questo nome molto particolare deriva dalla parola greca "Ddàphne", che vuol dire "pianta di alloro". Questo termine è collegato al mito della ninfa che si trasformò in una pianta per evitare di cadere in un amore che non ricambiava. Era il dio Apollo che si era innamorato di Dafne, e che la inseguì sperando di poterla avere. Dafne però raggiunse il padre, Peneo, e lo pregò di aiutarla a sfuggire ad Apollo, così Peneo la trasformò in una pianta di lauro. È un nome davvero poco diffuso in Italia, con soltanto all'incirca mille persone che si chiamano così, la maggior parte nata in Emilia Romagna. Dafne è una persona molto socievole ed alla mano, che non ama frequentare posti di alta classe, ma anzi predilige la semplicità e la compagnia di buoni amici. È una grande studiosa ed una persona curiosa, che ama passare il tempo ad affinare le proprie conoscenze.

- Fernández Dafne, show girl e attrice spagnola
- Keen Dafne, personaggio dello spettacolo britannica

ELETTRA

Questo è un nome che trova le sue origini nel greco antico, più precisamente nel termine "Elektra", che porta il significato di "oggetto splendente, luminoso". Questo nome compare anche nella mitologia greca, infatti è così che si chiama la figlia di Agamennone che, insieme al fratello Oreste, vendica il padre che fu ucciso dalla madre Clitennestra. In Italia ci sono circa 3.400 persone che si chiamano Elettra, la maggior parte nel Lazio ed in Lombardia. È un nome che raffigura un carattere attivo, energetico che ha voglia di cambiare il mondo. Non si ferma facilmente di fronte agli ostacoli, ma anzi li supera con determinazione ed ottimismo.

- Bisetti Elettra, direttrice e doppiatrice italiana
- Deiana Elettra, politica italiana
- Ferretti Elettra, sportiva italiana

ENEA

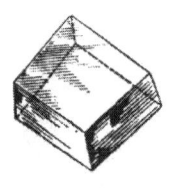

Nome di origine greca, deriva dal termine "Aineas", che vuol dire "laudato". Tutti conoscono questo nome per il grande eroe troiano, nato da Anchise ed Afrodite. Enea fu il famoso eroe difensore di Troia, che secondo la leggenda di Virgilio fu fondatore di Roma. È un nome presente in Italia contando circa 5.000 persone che si chiamano così, di cui la maggioranza è nata in Emilia Romagna ed in Lombardia. Questo nome caratterizza una personalità decisa, forte e scaltra, ma che utilizza le proprie qualità per difendere i più deboli. Fatica a stare fermo, infatti è sempre impegnato in nuove avventure che soddisfino la sua voglia di vivere al massimo.

- Bortolotti Enea, scienziato, filantropo e matematico italiano.
- Dal Fiume Enea, ciclista italiano.
- Di Gaza Enea, filantropo, scrittore e filosofo romano.
- Gardana Enea, musicista e chitarrista italiano.

ENNIO

Un nome che deriva dalla lingua celtica e porta con sé il significato di "destinato". Questo nome ha visto un picco di popolarità grazie al poeta latino Quinto Ennio, negli Annali, un poema in cui viene lodata Roma e la sua storia. Questo nome è presente in Italia con quasi 40.000 persone che si chiamano così. Rappresenta un carattere molto gentile e tranquillo, che rispetta amici e parenti, motivo per il quale è molto amato.

- Tassinari Ennio, partigiano e agente infiltrato italiano
- Appignanesi Ennio, vescovo cattolico italiano
- Guarnieri Ennio, direttore fotografico italiano

EUFRASIA

Questo è invece un nome molto particolare che deriva dal greco antico, precisamente dal termine "Eyphrasia", che vuol dire "gioia, felicità". Il suo onomastico si festeggia il 13 marzo in memoria di santa Eufrasia, vergine della Tebaide. È un nome davvero molto poco popolare in Italia, con poco meno di duemila persone che lo portano. Questo nome definisce un carattere molto sincero ed amichevole, che riesce a relazionarsi con le persone ed aiutarle grazie alla sua grande empatia.

FEBE

Questo nome ha origini greche, deriva dalla parola "phoibe", che poi è stata tradotta in latino con "phoebe" ed il suo significato è "luminoso, splendente". All'interno della mitologia greca ci sono parecchi personaggi che si chiamano in questo modo, come ad esempio la titanide Febe. Si tratta di una persona dall'animo forte, molto ambiziosa, che non si accontenta di risultati mediocri, ma punta ad essere la migliore in tutto ciò che fa.

- Cates Phoebe, personaggio dello spettacolo statunitense.
- Hearst Phoebe, madre di William Randolph Hearst editore, politico ed imprenditore statunitense).

FEDRA

Questo particolare nome deriva dal greco e porta il significato di "lieto, felice". Come narra la mitologia dell'antica Grecia, Fedra era il nome della figlia di Minosse e la moglie di Teseo. Il 29 novembre si festeggia l'onomastico di San Fedro, che è un martire della chiesa. Fedra è un nome che si traduce in un carattere autoritario e severo, che comanda con decisione. Si tratta di una persona in grado di incutere timore negli altri, ma nasconde anche un animo tenero.

FILOMENA

L'origine di questo nome è greca, formato dal termine "phìlos" (ovvero "che ama") e "mèlos" (che vuol dire "canto"), per cui il significato di questo nome sarebbe "che ama il canto". Questo nome è stato in uso fin dal medioevo, anche se più che altro nella sua variante Filomela. La diffusione di questo nome in Italia è principalmente dovuta all'esistenza di santa Filomena patrona di San Severino Marche, e di santa Filomena di Roma. Si stima che ad oggi ci siano circa 160.000 persone in Italia che portano questo nome, la maggior parte concentrare in Campania ed in Puglia. Filomena è un nome che trasmette un carattere molto dolce ed attento ai bisogni delle altre persone, che si batte con molta forza per le giuste cause.

- Cautela Filomena, personaggio dello spettacolo e attrice portoghese.
- Delli Castelli Filomena, politica italiana.
- Moretti Filomena, musicista e chitarrista italiana.

FLORA

Il nome Flora deriva dal termine latino "flos" che vuol dire "fiore". Si tratta di un nome che appartiene alla tradizione classica, e che era portato da Flora, la dea – venerata nell'antica Roma – dei fiori e della primavera. Cominciò ad essere usato come nome di persona in Francia durante l'epoca Rinascimentale. In Italia ci sono circa 44.000 persone che si chiamano Flora, la maggioranza di esse nate in Veneto, Campania e Lombardia. Questo nome rappresenta un carattere spontaneo e semplice, che ama fare amicizia con persone nuove e apprezza la compagnia degli animali.

- Calvanese Flora, scrittrice, giornalista e politica italiana.
- Carabella Flora, personaggio dello spettacolo italiana.
- Chan Flora, cantante e personaggio dello spettacolo cinese.

GILDA

Gilda è in realtà un diminutivo del nome Ermenegilda, che poi nel tempo è divenuto un nome a sé stante. La sua derivazione è il termine germanico "gild" che vuol dire "di valore" oppure anche "sacrificio". Il nome Gilda è molto famoso soprattutto grazie al protagonista del celebre Rigoletto di Giuseppe Verdi. Si tratta di un nome adespota, dal momento che questo nome non è mai stato portato da alcun santo, quindi l'onomastico può essere festeggiato il primo di Novembre. Si stima che in Italia ci siano circa 25.000 persone che portano questo nome. Gilda è un nome che definisce un carattere molto amabile, che si preoccupa per le persone che le stanno accanto e si fa in quattro per aiutarle.

- Gilda, cantautrice italiana.
- Buttà Gilda, musicista italiana.
- Dalla Rizza Gilda, cantante lirica italiano.

GIOACCHINO

Si tratta di un nome di provenienza ebraica, che vuol dire "Dio ti fortifica". Nella narrazione biblica, più precisamente nell'Antico Testamento, si tratta di un re di Giuda che viene imprigionato a Babilonia. Gioacchino è anche il nome che porta il padre di Maria, ed è un nome che vide la propria diffusione in Europa nel corso del medioevo proprio per questa figura. È un nome abbastanza utilizzato in Italia, con più di 20.000 persone che lo portano, la maggior parte di esse nata in Sicilia. Gioacchino ha un carattere molto leale e giusto nei confronti degli altri. Ha un grande spirito di squadra ed ama le competizioni, ma non è mai sleale nei confronti dei propri avversari.

- Calabrò Gioacchino, sportivo e avvocato italiano.
- Cocchi Gioacchino, scrittore e compositore italiano.
- Conti Gioacchino, cantante lirico castrato italiano.

GIUDITTA

Questo è un nome che deriva dall'ebraico "Yehudit" ce porta il significato di "ebrea, giudea". Questo è un nome che vide la sua comparsa durante il periodo dell'esilio babilonese. All'interno dell'Antico Testamento, questo nome è quello di una delle mogli di Esaù. In Italia è un nome portato da circa 20.000 persone, di cui il 20 percento circa è nata in Lombardia. Si tratta di un carattere ribelle, che non ama seguire le regole ma comunque rispetta le persone che la circondano. Ama stare al centro dell'attenzione e per questo motivo cerca sempre di stupire chi la guarda.

- Bellerio Giuditta Sidoli, fondatrice del giornale La Giovane Italia.
- D'Evreux Giuditta, nobile donna normanna.
- Di Altavilla Giuditta, principessa siciliana

IOLE

Trattasi di un nome di origine greca, che porta il significato di "Viola" derivando dal termine "ion". La nascita di questo nome è da andare a ricercare nel Rinascimento e la sua importanza è anche dovuta al mito che parla della figlia del re di Acalia (Eurito), che si dispera per la morte del suo amore Ercole, che fu avvelenato dalla moglie Deianira per gelosia. Si tratta di un nome apprezzato nel nostro paese, in quanto le persone che si chiamano Iole sono quasi 40.000. Ha una personalità molto gentile e simpatica, ma anche timida e riservata. Chi la conosce bene, sa di per certo che si tratta di una persona profonda e dall'animo nobile.

- Marconi Jole Bovio, ricercatrice italiana.
- De Cillia Jole, patriota e partigiana italiana.
- De Maria Jole, soprano italiana.

IRMA

Il nome Irma deriva dal termine "Irmim" che vuol dire "Consacrata da Irmin", che è il nome di un dio sassone. Erminia è soltanto un'altra forma di questo nome, ma dal medesimo significato. Si festeggia l'onomastico il 24 dicembre, in ricordo di sant'Irmina di Oehren. Un nome molto diffuso in Italia nonostante le sue origini antiche, con quasi 60.000 persone che si chiamano in questo modo, la maggior parte in Lombardia ed in Piemonte. Irma ha una personalità molto affascinante, in grado di sedurre le persone con estrema facilità. È anche una persona molto leale ed attiva nel sociale.

- Bandiera Irma, patriota e partigiana italiana.
- Brandeis Irma, letterato e accademico statunitense.
- Minutolo Irma Capece, cantante lirica italiana.

LAERTE

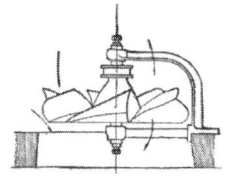

Laerte è un nome che proviene dalla tradizione classica, infatti nell'Odissea questo è il nome che porta il re di Itaca nonché padre di Ulisse. Anche nell'Amleto di Shakespeare v'è un personaggio che porta questo nome, altro fattore che ha contribuito decisamente a favorirne la popolarità. Il suo significato è da ricercare nel termine greco "Laertes", che è formato da "laos" e "eirein", rispettivamente "popolo" ed "unire", quindi il suo significato può voler dire "unificatore delle genti". Il suo onomastico ricorre il primo novembre, dal momento che nessun santo porta questo nome. Questo nome si traduce in un carattere molto creativo, che ama essere diverso dagli altri e quindi sfoggia la propria originalità con estremo orgoglio. Non ha mai paura di esprimere la propria opinione, e si circonda soltanto di persone positive.

LEDA

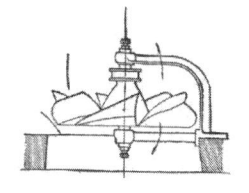

L'origine di questo nome è con tutta probabilità greca, derivando dal nome "loidòrein" che vuol dire "ingiuriare". Questo è anche il nome portato dalla figlia del re di Sparta, che Zeus tentò di sedurre trasformandosi in un cigno. In Italia sono presenti circa 26.000 persone che portano questo nome, la maggioranza nate in Toscana, Veneto ed Emilia Romagna. È un carattere molto fine e delicato, che ama la pulizia ed i posti di classe. È rispettosa delle altre persone e odia chi si comporta rompendo le regole.

- Gloria Leda, personaggio dello spettacolo italiana
- Gys Leda, personaggio dello spettacolo italiana
- Rafanelli Leda, giornalista, politica e irridentista italiana

MINERVA

Minerva è il nome portato dalla dea romana della saggezza, che potrebbe derivare da due termini di origine latina, ovvero "mens" e "menos", il cui significato è "intelligenza" e "saggezza". Minerva è un nome anche anglosassone, ma non è molto diffuso all'estero. Questo nome raffigura una personalità molto chiusa, che decide di aprire sé stessa a poche persone fidate. È timida, ma nasconde una grande intelligenza ed un cuore d'oro.

OFELIA

Il nome Ofelia deriva dal greco antico, precisamente dal termine "ofeleia", che porta con sé il significato di "che aiuta", quindi si può tradurre in "persona che aiuta, che assiste". Nel poema *Arcadia* di Jacopo Sannazaro fa la sua prima comparsa, essendo il nome di un pastore (quindi utilizzato al maschile). L'opera riscosse un buon successo anche all'estero, e Shakespeare riutilizzò questo nome – stavolta al femminile – nell'*Amleto*. In Italia si contano quasi 7.000 persone che si chiamano Ofelia, la maggior parte nate in Veneto. Questo è un nome che rappresenta una personalità molto carismatica, brava nell'intrattenere le persone e nel fare nuove conoscenze, che per questo motivo si presta a molti tipi di professioni e viene molto apprezzata nei contesti sociali.

- Curci Ofelia Giudicissi, scrittrice, poetessa italiana.
- Mazzoni Ofelia, attrice teatrale e scrittrice italiana.

OLIMPIA

Nome che deriva dal termine che "Olympia" e vuol dire "che abita sull'Olimpo", che nell'Antica Grecia era il monte che faceva da casa per gli dei. Un carattere molto deciso e sicuro di sé, che si intestardisce finché non ottiene ciò che vuole. Si tratta anche di una persona che si fa in quattro per gli amici ed in generale per le persone care, dimostrando di avere un animo nobile.

- Olimpia da Correggio, nobile italiana.
- Olimpia di Nicomedia, santa greca antica.
- Olimpia Aldobrandini, nobile italiana.

PARIDE

Questo è un nome di tradizione classica, infatti Paride è il nome di un eroe della mitologia greca, colui che fu responsabile del rapimento della principessa Elena, dando inizio alla guerra di Troia, e causando anche la morte di Achille. La derivazione di questo nome non è molto chiara, si dice che possa derivare dal termine greco "péra", che vuol dire "zaino" o "borsello", oppure "parìemi" ovvero "passare di fianco". Il suo onomastico si festeggia il 5 agosto in memoria di San Paride vescovo. Ci sono circa 6.000 persone in Italia che portano il nome Paride, la maggior parte nata in Emilia Romagna ed in Lombardia. Si tratta di un nome che definisce un carattere molto forte, guerriero, che non sopporta la sconfitta ed è dotato di grande determinazione. Non è una persona cattiva, anzi, spesso si batte per difendere i più deboli.

- Da Ceresara Paride, scienziato e poeta italiano.
- Andreoli Paride, politico italiano.
- Baccarini Paride, pittore e artista italiano.

PENELOPE

Un nome che deriva dal termine greco "pene" ovvero "tessitrice". Questo nome è stato reso famoso in antichità dalla moglie di Ulisse, che si fingeva vedova di fronte ai numerosi pretendenti, tessendo la tela di giorno e sfilandola durante la notte, rinviando le nozze fino al ritorno di Ulisse. Si tratta di un carattere molto dolce e premuroso, dotato di grande forza ed umiltà. Non ama vantarsi, infatti viene considerata una persona molto umile e dignitosa.

- Coelen Penelope Anne, show girl sudafricana
- Ward Penelope Dudley, personaggio dello spettacolo inglese
- Fitzgerald Penelope, giornalista britannica

SAVERIO

Saverio è la traduzione in italiano del nome spagnolo Xavier. Si tratta di un nome che deriva dal basco, che è formato dai termini "extre" e da "berri", con il significato rispettivo di "casa" e "nuovo", quindi naturalmente si traduce in "casa nuova". Si stima che nel nostro paese siano presenti più di 50.000 persone che si chiamano in questo modo, di cui la maggior parte si trova in Puglia, Calabria e Campania. Questo nome raffigura una persona molto umile e semplice, che non ha troppe pretese dalla vita, ma si gode il proprio tempo libero e le amicizie che ha.

- Saverio di Borbone-Parma, capo della casata dei Borbone di Parma.
- Baldacchini Saverio, scrittore e politico italiano.
- Capolupo Saverio, generale italiano.

SAVERIO

Si tratta di un nome che deriva dal termine ebraico "seraph", che porta con sé il significato di "angelo che illumina" o "angelo che risplende". Questo nome nella tradizione biblica veniva utilizzato per le figure celestiali dotate di sei ali. È abbastanza diffuso in Italia, con circa 36.000 persone che lo portano, la maggioranza nate in Sicilia, Lombardia ed in Puglia. Questo nome rappresenta una persona di grande intelligenza e saggezza, che spesso si ritrova a dare consigli ad amici e parenti. Non ama la sfarzosità, ma anzi predilige uno stile di vita semplice e dignitoso.

TELEMACO

È un nome di origine greca, precisamente dal termine "tele", ovvero "lontano", e "machomai", che vuol dire "combattere". Il suo significato è quindi traducibile in "persona che combatte da lontano". La tradizione di questo nome è senza dubbio classica, dal momento che viene portato dal figlio di Ulisse nell'odissea. L'onomastico viene festeggiato il primo di gennaio, in memoria di San Telemaco. Un nome che porta con sé un carattere molto ambizioso, che non si accontenta di risultati mediocri, ed ama la competizione. Non va d'accordo con tutti, ma è molto gentile e disponibile con le persone a cui vuole bene.

- Telemaco di Agrigento, tiranno di Akragas.
- Ruggeri Telemaco, personaggio dello spettacolo italiano.
- Signorini Telemaco, scultore e scrittore italiano.

TESEO

Teseo è un nome di tradizione fortemente classica, che si origina dal greco, in particolare dal termine "tithemi" che vuol dire " disporre, collocare". Questo nome è assai conosciuto per via dell'eroe greco che uccise il Minotauro avvalendosi dell'aiuto di Arianna, che gli diede un filo con la quale egli poté ritrovare la strada nel labirinto dove la bestia era rinchiusa. Teseo ha un carattere molto buono, che vede sempre i bisogni degli altri grazie alla sua grande empatia.

- Teseo Taddia, sportiva italiano
- Teseo Tesei, militare e inventore italiano

TISBE

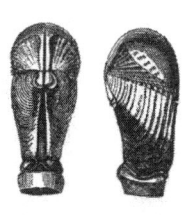

È un nome di origine greca, che proviene dal termine "thisbe", il cui significato non è conosciuto, anche se alcune fonti lo collegano al nome di una città della Beozia (oggi "Thisvi"). È un nome di tradizione classica che fu ripreso durante il rinascimento, ed è conosciuto per via della ragazza di babilonia di cui Priamo era innamorato. Tisbe venne assalita da un leone, e fuggendo lasciò sul posto un vestito insanguinato. Priamo trovò il manufatto e si suicidò per la disperazione. In seguito Tisbe trovò a sua volta il corpo senza vita di Priamo, e si tolse la vita usando la sua spada. Questo nome definisce un carattere molto tranquillo e pacato, che ama la propria famiglia ed i propri amici.

ULISSE

Questo nome deriva dal termine greco "odyssomai", che vuol dire "odiare" oppure anche "essere irritato". Questo nome ha una tradizione chiaramente classica, ed è ben noto per essere portato da Ulisse, l'eroe protagonista dell'Odissea e dell'Iliade. Nonostante sia un nome molto famoso in Italia, non viene largamente utilizzato per i nuovi nati, contando soltanto poco meno di 4.000 persone che lo portano, maggiormente concentrate in Lombardia ed in Emilia Romagna. La personalità relativa a questo nome è sicuramente forte e coraggiosa, che non ama i compromessi e vuole sempre portare a termine ciò che inizia. È una persona che ragiona profondamente con la logica prima di agire, e non ama chi agisce di impulso.

- Aldrovandi Ulisse, biologo e scienziato italiano.
- Bandera Ulisse, patriota, scrittore e politico italiano.
- Barbieri Ulisse, drammaturgo, scrittore e patriota italiano.

Conclusione

Eccoci giunti al termine di questa lettura! Come avrete potuto constatare, ogni nome è molto più che una serie di lettere che "suonano bene", ma ha anche una storia, un significato, un sentimento dietro di sé. Spesso e volentieri tutto questo passa in secondo piano, ed i neo genitori scelgono un nome puramente in base al gusto personale (non c'è nulla di sbagliato in ciò), ma quello che vorrei far capire è che, soprattutto per gli indecisi, c'è anche molto altro che si può prendere in considerazione durante la scelta di un nome. Con così tanti nomi in circolazione, è praticamente impossibile non trovarne uno che rappresenti il carattere del proprio neonato.

Sebbene la maggior parte delle persone optino per un nome abbastanza comune, è anche vero che la storia è ricca di "mode", di nomi che un giorno sono quasi sconosciuti, e pochi anni dopo salgono in cima alle classifiche per popolarità. Si tratta di mode passeggere, a volte, ma ci sono casi in cui un nome viene talmente apprezzato che riesce a cavalcare le classifiche per anni, se non per decenni interi! Ad ogni modo, il nome giusto è qualcosa di estremamente personale, e la scelta è totalmente nelle mani dei genitori. Che sia per puro gusto personale, per il suo significato, o perché ti ricorda una persona a te cara, ti auguro buon auspicio nella scelta del nome!

Printed in Poland
by Amazon Fulfillment
Poland Sp. z o.o., Wrocław